잘삶
교육연구소
총서3

삶의 힘을 키워주는
잘삶 수업

임배·손승남·이수진 공저

박영story

소크라테스는 "언어의 의미를 아는 것은 삶의 힘이 된다"고 이야기합니다. 그는 언어의 의미를 명확히 규정하기 위해서 그 당시 소피스트들과 치열하게 논쟁하였습니다. 이 과정에서 소크라테스는 언어를 사용하되 이를 제대로 알고 말할 수 있는 능력을 갖추어야 함을 보여주었습니다. 언어의 의미를 명확하게 사용하면 '판단의 기준과 행동의 원칙'이 분명해지기 때문입니다.

> 언어의 의미를 명확히 아는 것은
> 삶의 힘이 되며, 판단의 기준과
> 행동의 원칙을 분명히 하는 것입니다.

언어의 중요성을 보여주는 다른 사례가 있습니다. '무지는 힘'이라는 슬로건으로 사람들을 선동한 빅브라더(Big Brother)입니다. 빅브라더는 조지 오웰(George Orwell, 1903~1950)의 소설 『1984』에 나오는 최고 권력자입니다. 이 소설은 전체주의라는 거대한 시스템 속에서 개인이 저항하다가 어떻게 파멸해 가는지를 적나라하게 보여주고 있습니다.

소설 속에서 빅브라더는 사람들을 생각하지 못하게 만들고, 사상의 자유를 근본적으로 없애기 위해서 '새로운 말(신어, newspeak)'을 강제적으로 사용하게 합니다. 사람들은 기존에 쓰던 말(언) 대신 새로운 말을 사용해야 합니다. 이 때문에 사람들은 비판적인 생각을 하거나 행동하지 못하게 됩니다.

조지 오웰은 소설 뒷부분에 새로운 말의 원리를 친절하게 설명하고 있습니다. 새로운 말을 고안한 목적은 소설 속 사회주의 신봉자들에게 걸맞는 세계관과 정신습관에 대한 표현 수단을 제공함과 동시에 지배세력에 저항할 수 있는 다른 사상을 갖지 못하도록 하는 데 있습니다. 예를 들어, '자유'라는 단어는 "이 개는 이가 없다(free)", "이 밭에는 잡초가 없다(free)"와 같은 표현에만 쓸 수 있습니다. '자유'는 '정치적, 지적'이라는 단어와 함께 쓸 수 없습니다. '정치적 자유나 지적 자유'라는 개념은 빅브라더가 지배하는 세상에서는 존재할 수 없습니다. 결국 새로운 말은 언어의 의미와 쓰임을 제한하는 것으로, 무지를 통해서 사람들의 사고의 영역을 없애고 줄이는 것입니다.

Big Brother

그렇다면, 지금 우리 사회에 빅브라더가 있을까요? 소설 속의 빅브라더는 우리 사회에서 개인의 모든 정신과 생활을 감시하고 정보를 독점해 사회를 통제하는 권력이나 이익집단에 해당합니다. 우리 사회의 빅브라더는 언어를 통해서 우리의 생각·선택·행동을 잘못된 방향으로 유도합니다.

우리는 수많은 언어 속에서 자신을 표현하고 세상을 이해합니다.
언어를 명확히 알고 이해하는 것은
결국 자신의 삶을 행복하게 만드는 힘이 됩니다.

이 책은 '올바른 언어의 이해가 자신의 삶을 행복하게 만드는 힘'이라는 생각에서 기획되었습니다. 또한, 책의 내용을 텍스트만 나열하기 보다는 다양한 이미지나 영상에 익숙한 독자들을 위해서 시각적으로 꾸며 놓았습니다. 저자들은 각자 관심 있는 키워드를 맡아서 그 의미를 명확히, 때로는 다른 관점에서 규명하고, 연관된 용어를 보충해 설명했습니다. 이 과정에서 저자들은 독자가 키워드에 대해 쉽게 접근할 수 있도록 노력하였습니다.

이 책은 자신과 우리 사회를 이해하는 데 필수적인 여섯 가지 키워드(불평등, 쾌락, 무능함, 열등감, 성, 사랑)로 이루어져 있습니다. 1장, 2장, 3장 '불평등·쾌락·무능함'은 잘삶을 교육철학의 영역에서 탐구하고 있는 임배 박사가, 4장 '열등감'은 질적연구와 상담 전문가인 이수진 박사가, 5장, 6장 '성, 사랑'은 오랫동안 강단에서 교육철학을 가르치면서 학생들에게 다양한 영감을 일깨워 준 손승남 교수가 집필하였습니다.

각 장의 내용을 간단히 소개하면 다음과 같습니다.

1장 '불평등을 줄이려면'은 우리를 불평등하게 만드는 여러 가지 키워드에 대해 다루고 있으며, 재미있는 사고실험을 통해서 불평등을 어떻게 하면 줄이고 없앨 수 있는지 그 방안에 대해 설명합니다.

2장 '쾌락적으로 잘 살려면'은 쾌락적 삶이란 무엇이며, 우리 삶에서 진정한 쾌락을 얻기 위해 무엇이 필요한가를 제시하고 있습니다. 또한, 쾌락주의자인 에피쿠로스(Epikuros, B.C.341~B.C.270)의 삶이 지금 사회에 어떤 의미가 있는지를 설명하고, 이때 필수적으로 요구되는 것이 무엇인지를 설명합니다.

3장 '무능함에서 벗어나려면'은 무능함이 개인과 사회에 어떤 영향을 주는지를 성찰하고 있습니다. 개인과 사회의 무능함이 적나라하게 드러난 세월호 참사와 나치의 유태인 학살 사례에서 무능함의 문제를 들여다보고 있습니다. 또한, 정치철학자 한나 아렌트(Hannah Arendt, 1906~1975)의 '예루살렘의 아이히만' 재판에서 밝힌 무능함에 대해 설명합니다.

4장 '열등감을 극복하고 성장하려면'은 자유롭고 행복한 삶을 강조한 알프레드 아들러(Alfried Adler, 1870~1937) 이론을 다섯 가지로 정리했습니다. 인간의 긍정적인 변화를 돕는 아들러의 주요 개념을 알아보고, 열등감의 원인과 극복 실천법을 제시하고 있습니다.

5장 '성을 올바로 이해하려면'은 성의 의미, 성과 쾌락의 관계, 성과 관련 있는 다양한 사회적 담론에 대해 살펴보고 있습니다. 우리 사회에서 성은 생물학적 관점을 넘어서 다양한 담론으로 논의되고 있습니다. 이러한 여러 성 담론을 올바르게 이해하지 못하면 건전한 사회나 진정한 사랑에 도달하기 힘들 것입니다.

6장 '참 사랑을 원한다면'은 인간의 삶에서 가장 고귀하고 어려운 사랑의 현상과 문제를 다루고 있습니다. 참 사랑을 실천하기 위해서 반드시 알아야 할 여러 관련 키워드와, 기술로서의 사랑을 강조한 에리히 프롬(Erich Fromm, 1900~1980)을 소개하고 있습니다.

	키워드	연관 키워드
1장	불평등	불평등, 차이, 다름, 민주주의, 폭력, 합의, 파티, 정당, 이야기
2장	쾌락	자유, 돈, 부, YOLO, 절제, 자발적 활동
3장	무능함	무력함, 학교폭력, 힘, 사유, 공감, 감정이입, 질문
4장	열등감	보상, 우월성 추구, 사회적 관심, 생활양식, 형제의 서열순, 가상적 목적, 콤플렉스
5장	성(sex)	젠더, 섹슈얼리티, 쾌락, 욕망, 동성애, 트랜스젠더, 퀴어, 에로티시즘, 성희롱, 성추행, 성폭력, 미투운동
6장	사랑	아가페, 에로스, 필리아, 포르노, 성폭력, 데이트폭력, 성 윤리, 성 평등, 사랑의 기술

이 책에서 저자들은 '키워드를 아는 것이 잘삶과 밀접한 관계가 있다'고 말하고 있습니다. 왜냐하면, 우리가 쓰고 있는 언어는 자신이 살고 있는 세계가 만들어낸 것이며, 세계와 자기 삶의 변화는 언어의 개념(의미)이 달라질 때 나타나기 때문입니다. 따라서 언어의 개념을 명확히 하는 것은 자기 삶을 변화시킬 수 있으며, 이를 통해 자신이 원하는 삶을 사는데 큰 힘이 됩니다.

잘 살기 위해서는 여러 가지가 필요합니다. 예를 들어 '사랑, 돈, 건강, 행운, 우정'은 잘삶에 필수적 조건입니다. 하지만 사랑이 무엇인지, 돈이 자신에게 어떤 의미가 있는지, 진정한 우정이 무엇인지를 모른다면 이러한 조건들을 얻고 활용하고 유지하기가 어렵습니다. 또한, 다른 사람과 올바른 관계를 맺고 잘 살기 위해서는 '평등, 정의, 일, 자유, 성(sex)'과 같은 키워드의 의미를 제대로 알아야 합니다. 자신의 잘삶은 반드시 다른 사람의 잘삶과 밀접하게 연결되어 있습니다. 우리는 자신뿐만 아니라 자신이 살고 있는 세계를 이해할 수 있어야 잘삶이 가능합니다.

끝으로, 이 책이 나올 수 있도록 격려와 기회를 주시고, 필자를 교육학자의 길로 이끌어주신 손승남 선생님, '잘삶(well-being)'을 연구 주제로 인도해주신 이지헌 선생님께 깊은 감사를 전합니다. 스승의 은혜는 세월이 흐를수록 짙어짐을 깨닫고 있습니다. 또한, 책이 출간될 수 있게 도와주신 박영사의 노현 대표님과 이영조 팀장님, 까다로운 원고를 꼼꼼하게 편집해 주신 배근하 과장님에게도 감사의 마음을 전합니다.

2020년 봄

저자를 대표해서 임 배

목차

01

불평등을 줄이려면

사람은 누구나 똑같은가요?

힘이 센 사람, 말을 잘하는 사람, 음악을 잘하는 사람,

게임을 좋아하고 운동을 싫어하는 사람.

우리는 각자 다르지 않나요?

모든 사람이 똑같아야 평등한 것일까요?

아니면 자기가 하고 싶은 대로 하는 것이 평등한 것일까요?

우리는 언제 불평등하다고 느낄까요?

불평등은 왜 문제가 될까요?

Keyword

불평등, 차이, 다름, 민주주의, 폭력, 합의, 파티, 정당, 이야기

01_불평등을 줄이려면

실험하면, 우리는 비커나 알코올램프를 이용한 과학실험을 생각합니다. 그런데 이런 과학 도구 없이 가능한 실험이 있습니다. 바로 '사고실험(thought experiment, imaginary experiment)'입니다. 사고실험은 생각으로 하는 실험으로 과학뿐만 아니라 철학이나 문학에서도 사용합니다. 예를 들어, 아인슈타인은 빛의 속도로 움직일 때 나타나는 효과를 알기 위해 사고실험을 했습니다. 현실에서 빛의 속도로 움직이는 실험은 너무 어렵기 때문입니다.

데이빗 J. 스미스(『지구가 100명의 마을이라면』의 저자)는 지구를 100명이 사는 마을로 생각했습니다. 그러면 영어를 쓰는 사람은 몇 명인지, 아시아에는 몇 명이 사는지 등을 숫자로 비교하기 쉬워집니다. 이처럼 사고실험은 무한한 상상력과 깊이 있는 사고에 도움을 줍니다.

'불평등'과
관련한 재미있는 사고실험을
해볼까요?

사고실험(=가상실험)
thought experiment, imaginary experiment

사고실험

'교실파티'를 위한 간식 정하기

A중학교 3학년 3반은 체육대회에서 우승을 했습니다. 담임 선생님은 우승을 축하하기 위해서 '교실파티'를 열자고 합니다. 물론 맛있는 간식은 선생님이 사줍니다. 그리고 25명 모두 다른 간식을 시키면 너무 복잡하고 시간도 많이 걸리니 한 가지로 정하자고 반장에게 말합니다. 반장은 반 친구 25명이 원하는 음식을 조사했습니다. 너무 다양한 간식이 나와서 반장은 쉽게 결정하지 못합니다. 이때 햄버거를 선택한 영수는 다수결로 하자고 했으니 가장 많은 학생(7명)이 선택한 햄버거를 먹자고 합니다. 그러자 반에서 가장 힘이 센 용석이는 피자를 먹자고 합니다. 형근이는 요즘 유행이고 맛있는 버블티를 먹자 합니다. 체육대회 때 반 티셔츠를 기부한 훈이는 김밥을 먹자고 합니다. 하지만 반장인 영균이는 체육대회 때 자신이 가장 고생을 했으니 콜팝을 먹자고 합니다.

"3학년 3반은 간식을 어떻게 정해야 할까요?"

7명

6명

5명

3명

3명

1명

다음 몇 가지 질문을 생각해 볼 수 있습니다.

왜 3반 학생 25명은 똑같이 한 가지 음식을 선택하지 않았을까요?
평등하다는 것은 모두 똑같은 간식을 먹는 것일까요?
유행을 아는 형근이처럼 버블티를 선택해야 멋진 것일까요?
반장 영균이의 선택을 무조건 따라야 할까요?

3반 학생들은 자신이 먹고 싶은 것이 각기 다릅니다. 이 '다름'은 '차이'입니다. 따라서 '불평등하다'는 것은 서로 다르고, 차이가 있음을 전제합니다. '차이가 있음'은 비교를 통해서(자신이 선택한 것을 먹지 못했을 때) 불평등하다고 느끼게 됩니다. 물론 모두에게 평등한 것, 차이가 없는 것도 있습니다. 예를 들어, 인간의 생명은 돈이 많고 적음, 힘이 있고 없음에 무관하게 모두에게 동등합니다.

그렇다면, 우리를 불평등하게 만드는 것들은 무엇입니까?

불평등하다고 여기는 대표적인 것들이 몇 가지 있습니다. 그것은 힘, 돈, 권력, 문화입니다. 하나씩 살펴볼까요?

힘_force

돈_money

권력_powers

문화_culture

힘_force

물리적 힘은 '생물학적인 차이'에서 나옵니다. 일본의 애니메이션인 '도라에몽'의 주인공 진구는 힘없고 덜렁거리지만 마음이 착하고 솔직합니다. 그런데 진구는 맨날 자신보다 덩치가 큰 퉁퉁이에게 당합니다. 퉁퉁이는 힘없는 진구를 놀리면서 괴롭히며 재미있어 합니다. 물론 퉁퉁이는 솔직한 진구를 인정하고 친구들과 모험을 즐깁니다.

진구는 퉁퉁이에게 저항을 해도 힘의 차이로 이기질 못합니다. 진구와 퉁퉁이의 힘은 큰 차이가 있습니다.

돈_money

돈은 '가진 것(소유)'입니다. 우리 사회에서 돈은 자신을 과시하거나 자신이 원하는 것을 쉽게 이루게 해줍니다. 하지만 모든 사람이 돈 많은 부자는 아닙니다. 누구는 부자이거나 가난합니다. 또한, 돈의 많고 적음, 부자의 기준도 사람마다 다릅니다. 열심히 일을 해서 많은 돈을 벌 수 있지만, 누군가는 부모로부터 많은 돈을 물려받기도 합니다.

권력_powers

　권력은 '지위나 신분에서 나오는 힘'입니다. 대통령, 교육부장관, 교장, 교사가 가진 권력은 차이가 있습니다. 또한, 사장과 직원(노동자)은 회사에서 업무(일)를 결정할 수 있는 힘이 다릅니다. 대부분 권력이 클수록 결정할 수 있는 힘이 많아지고 자신이 하고 싶은 대로 결정할 수 있는 자유가 많아집니다. 이러한 권력은 대개 자신의 능력, 돈, 다른 사람으로부터의 위임(선출)으로 얻게 됩니다.

문화_culture

　　문화는 언어, 음악, 종교, 학문, 예술, 제도, 유행, 건물, 스포츠, 온라인게임, 지식, 스마트폰 등 '인간이 만든 물질적·정신적 결과물' 모두를 말합니다. 문화는 시대, 국가, 사회, 개인에 따라 차이가 있습니다. 사람마다 기독교나 이슬람교, 영어와 독일어, 아파트나 단독주택, 축구나 야구 등 자신이 가지거나 속한 문화가 다릅니다. 문화는 '맞다/틀리다'라고 말할 수 없습니다. 자신이 축구를 좋아하거나 야구를 좋아하는 것은 개인의 선택입니다.

그렇다면, 불평등은 왜 문제가 될까요?

불평등은 '서로 다름, 차이가 있음'을 전제합니다. 그런데 불평등은 우리 사회에서 심각한 사회문제로 나타나고 있습니다. 그 이유는 무엇일까요? 바로 '폭력'입니다. 불평등, 차이와 다름이 폭력으로 나타날 때 심각한 사회문제가 됩니다.

3학년 3반 교실파티 사고실험으로 가볼까요?
자칫 자신이 선택한 간식을 먹자고 한 친구들은
다른 친구들에게 폭력을 행사할 수 있습니다.

✓ 힘이 세다는 이유로 햄버거를 먹자고 친구들을 겁주는 용석이
✓ 부모님이 물품(돈)을 기부했기 때문에 피자를 먹어야 한다는 훈이
✓ 자신이 반장(권력)이기 때문에 콜팝을 먹어야 한다는 영균이
✓ 유행(문화)하는 버블티를 먹어야 촌스럽지 않다고 말하는 형근이

간식을 정하는 과정에서 각자 자신이 먹고 싶은 것만을 무조건 강요할 수 있습니다. 이 과정에서 다른 사람과 차이나는 힘, 돈, 권력, 문화 수준으로 그렇지 못한 친구에게 간식을 강요하는 것은 폭력에 해당합니다.

"안타깝게도 우리 사회에서 이런 사례는 너무나 많습니다."

　　힘이 센 학생이 다른 학생을 괴롭히는 학교폭력, 종교가 다르다는 이유로 타 종교인을 죽인 IS(이슬람국가) 테러집단, 국회의원이나 자신과 친한 사람의 자녀이기 때문에 합격시킨 공기업 임원, 직원을 함부로 폭행한 회사 사장, 비싼 옷을 입고 그렇지 못한 사람을 무시하는 아이들. 이 모두는 불평등으로 폭력을 행사하는 사회적 문제에 해당합니다.

　　한편, 힘이 세서 약자를 보호해주거나, 돈이 많아서 가난한 사람들을 돕는 경우도 있습니다. 이러한 행위 안에는 폭력이 들어 있지 않습니다. 불평등하더라도 다른 사람을 존중하고 배려하는 모습은 우리 사회에 분명 도움이 됩니다.

그렇다면, 불평등으로 인한 폭력을 어떻게
예방하거나 줄일 수 있을까요?

우리 사회는 완벽하지 않지만 최선의 해결책을 실천하고 있습니다.

그것은 바로 '민주주의'라는 정치제도입니다.

민주주의는
나와 다른 사람의 차이를 인정하는 것입니다.
다른 사람에게 폭력을 쓰지 않습니다.
다른 사람과 행복하게 사는 것입니다.
자신의 생명과 재산을 보호받는 것입니다.

그러면 '교실파티'의 간식을 어떻게 결정해야 할까요?

최선의 방법은 모두가 각자 원하는 간식을 먹는 것이지만 현실에서는 쉽지 않습니다. 3학년 3반은 간식을 민주적으로 결정하기 위해서 다음과 같은 방법을 쓸 수 있습니다.

1. 자신이 선택한 간식으로 결정할 수 있게 다른 친구들을 '설득하는 것'입니다.
2. 의견이 지나치게 대립되는 경우에는 서로 '합의나 약속'을 합니다.

위의 두 가지 방법은 실제 민주주의 사회에서 실천하고 있습니다. 바로 '파티(party)'를 만드는 것입니다. party는 '즐거운 모임'이라는 뜻 말고 정치적 이해집단인 '정당'을 의미하기도 합니다. 미국은 크게 민주당과 공화당이라는 두 정당이 있습니다. 우리나라도 많은 정당들이 있습니다. 각 정당은 정책, 제도, 신념, 가치 등 추구하는 것이 다릅니다.

3학년 3반을 예로 들어볼까요? 햄버거를 좋아하는 햄버거당, 치킨을 좋아하는 치킨당, 피자당, 김밥당... 이렇게 이름 지을 수 있습니다. 햄버거당은 햄버거가 양이 많고 다양하게 먹을 수 있다는 장점을 강조할 수 있습니다. 치킨당은 치킨이 햄버거보다 고소하고 맛있다고 주장할 수 있고, 김밥당은 피자와 치킨은 식으면 맛이 없고 건강에 좋지 못하기 때문에 김밥이 더 낫다고 주장할 수 있습니다. 각 정당은 자신들의 선택이 더 낫다고 사람들을 설득하고 지지를 얻어내기 위해 노력합니다.

하지만 현실에서는 의견이 다른 사람을 설득하기가 쉽지 않습니다. 그렇다면 어떻게 해야 할까요? 먼저 여러 의견을 줄여 나갑니다. 여섯 가지 메뉴(햄버거, 치킨...)에서 두세(햄버거, 치킨, 피자) 가지로 줄입니다. 그리고 투표를 통해 세 가지 중에서 하나를 최종적으로 선택할 수 있습니다.

 햄버거당

 피자당

 치킨당

 김밥당

그런데 만약 투표에서 햄버거 12명, 치킨 12명,
피자 1명이 나오면 어떻게 해야 할까요?

여러 가지 안이 나올 수 있습니다. 그 중에서 두 가지를 제시하면,

첫째, 피자를 선택한 1명에게 햄버거나 치킨 중 하나를 선택하게 할 수 있습니다. 둘째, 햄버거당은 치킨당에게 치킨(닭고기)이 들어있는 햄버거를 먹자고 설득할 수 있습니다. 만약 햄버거당의 의견을 치킨당이 받아들이면 간식은 햄버거(치킨버거)로 결정됩니다.

이처럼 민주주의는 다양한 차이에서 나오는 불평등을
폭력이 아닌 '합의'를 통해 해결하는 정치제도입니다.

그렇다면, 우리는 어떤 능력(역량)을 지녀야 불평등으로 인한 폭력을 줄일 수 있을까요? 또한, 민주주의 사회에서 살아가기 위해서 우리는 어떤 능력을 갖춰야 할까요? 여러 가지 능력 중에서 두 가지를 강조할 수 있습니다.

'자신을 잘 아는 능력'과 '이야기할 줄 아는 능력'입니다.

첫째, '자신을 잘 아는 능력'은 '자기이해능력'과 같은 말입니다. 자신이 좋아하는 것이 무엇인지, 부족한 것은 무엇인지, 싫어하는 것은 무엇인지, 지금 하고 싶은 일은 무엇인지, 무엇을 잘하고 못하는지 등으로 자신을 정확히 아는 것입니다. 자신을 잘 아는 사람은 다른 사람을 잘 이해할 수 있습니다.

여러분은 자신을 잘 알기 위해서 무엇을 해야 할까요? 항상 기록하고, 메모하고, 천천히 생각하는 연습을 많이 해야 합니다. 그리고 자주 자신에게 질문하는 것입니다. 자신이 정말 원하는 것인지, 자신이 알고 있는 것인지, 무엇을 알아야 하는지를 스스로에게 묻습니다.

둘째, '이야기할 줄 아는 능력'은 자신의 생각이나 의견을 다른 사람에게 말할 수 있는 능력입니다. 이야기 하는 사람과 이야기 듣는 사람의 상호작용을 강조한 스토리텔링(storytelling)은 상대방에게 알리고자 하는 바를 재미있고 생생한 이야기로 설득력 있게 표현하는 것입니다. 스토리텔링은 이야기할 줄 아는 능력에 해당합니다.

또한, 이야기할 줄 아는 능력은 이야기의 시작 – 중간 – 끝(마무리)을 아는 것입니다. 자신이 하고 싶은 이야기를 언제·어떻게 시작할지 알 수 있고, 말하고자 하는 내용을 정확히 포함할 수 있고, 이야기를 마무리(끝)할 수 있는 것입니다.

링컨의 게티즈버그 연설

민주주의 사회에서 우리는 다른 사람을 설득하기 위해 이야기할 줄 아는 능력이 꼭 필요합니다. 그렇다면 이야기할 줄 하는 능력은 어떻게 키울 수 있을까요? 바로 한 권의 책을 처음부터 끝까지 읽을 수 있어야 합니다. 한 권의 책을 끝까지 읽는 것은 중요합니다.

예를 들어, 문학 책과 인터넷 서핑(검색)은 차이가 있습니다. 바로 끝이 있고 없음의 차이입니다. 인터넷에서 검색을 하면 정말 끝없는 정보가 쏟아집니다. 그 중에는 가치 있는 것을 찾을 수도 있지만 어디까지, 무엇을 찾아야 할지 끝맺음을 못 할 수도 있습니다. 자신이 찾고자 하는 것이 분명한 경우라도 정보의 바다에서 빠져나오기는 쉽지 않습니다. 하지만 한 권의 책은 거의 대부분 처음과 끝이 있습니다. 대표적으로 문학(소설)은 처음과 끝이 분명합니다. 책을 다 읽은 다음 처음·중간·끝을 생각해 볼 수 있고, 이것들이 어떻게 서로 연결되어 있는지를 알 수 있습니다.

02

쾌락적으로 잘 살려면

쾌락이란 무엇일까요?

자신만의 쾌락은 무엇입니까?

쾌락을 얻기 위해서 필요한 것은 무엇입니까?

쾌락적으로 사는 것과 잘 사는 것은 어떤 관계가 있을까요?

여러분은 지금 하루하루를 즐기며 살고 있습니까?

Keyword

쾌락, 자유, 돈, YOLO, 절제, 자발적 활동

02_쾌락적으로 잘 살려면

2017년, 국민 예능이었던 <무한도전>에서 욜로 라이프(YOLO Life) 특집을 방영했습니다. 각 출연자들에게 체크카드를 주면서 평소 자신이 하고 싶었던 일에 돈을 쓰는 것이었습니다.

가장 큰 돈을 쓴 사람은 박명수였습니다. 박명수는 자신의 욜로를 위해 중고 오토바이 구입, 장인/장모에게 꽃 선물, 호텔에서 식사, 보약 등 절반에 해당하는 돈(총 502만원 한도에서) 2,590,200원을 지출했습니다.

MBC 〈무한도전 욜로라이프〉 특집 중에서

여러분에게 갑자기
500만원이 주어진다면
지금 당장 무엇을 하시겠습니까?

일반적으로 다음과 같은 행동을 기대할 수 있습니다.

- 게임을 좋아하는 학생은 최고 성능의 노트북 구입
- 맛있는 음식을 좋아한다면 유명 음식점 찾아가기
- 지친 몸과 마음을 달래기 위한 여행
- 기타 등등

500만원으로 우리는 잠시 동안이나마 즐겁고 유쾌하게 보낼 수 있습니다. 필요한 물건을 구입하고, 맛있는 음식을 먹고, 좋은 곳에 여행을 가는 것은 자신을 즐겁게 해줍니다. 이러한 행동은 분명 고통이 아니라 즐거움, 쾌락에 해당합니다. 물론 재화나 서비스에 돈을 소비하는 것만이 쾌락은 아닙니다.

욜로 라이프로 돌아가 볼까요? 욜로는 한국사회에서 근래에 의미 있게 다루어진 키워드입니다. 그러면 욜로란 무엇일까요? 널리 알려지다시피 욜로는 'You Only Live Once'의 약자로, 미래 또는 타인을 위해 자신의 삶을 희생하지 않으며 현재 자신의 행복을 우선시하는 개인적 성향을 나타내는 용어입니다. 이 용어는 보통 영미권에서 위험한 일을 하고자 할 때 감탄사로 사용합니다. 조금 무모한 행동을 할 때 외치는 감탄사입니다.

이 용어의 시초를 멀리 보면 1964년 3월 출간된 이언 플레밍의 소설 '007 두 번 산다'의 원제목 'You Only Live Twice'를 살짝 바꾼 것으로 보기도 합니다.

007 영화 포스터

하지만 욜로의 의미는 2011년 캐나다 출신의 래퍼 가수인 Drake의 힙합 노래 'The Motto'의 가사에서 시작되었다고 합니다.

'The Motto'의 가사를 살펴볼까요?

That's how you feel, man? That's really how you feel?
넌 그렇게 생각해? 진짜로 그렇게 생각해?
Cause the pimpin ice cold, all these bitches wanna chill
얼음처럼 차갑게 구니까 여자들이 다 와서 놀고 싶어해.
I mean maybe she won't but then again maybe she will
결국 안 올 수도 있지만, 올지도 모르는 일이잖아
I can almost guarantee she know the deal, real nigga, what's up?
나랑 밤을 보내려면 어떻게 해야 하는지 아니까, 난 멋져, 뭘 봐?
Now she want a photo, you already know, though
이제 여자들이 사진 같이 찍자고 해, 넌 이미 알잖아
You only live once: that's the motto nigga, YOLO
한 번 뿐인 인생 그게 좌우명이지, YOLO
And we bout it every day, every day, every day
우린 그렇게 살아 매일, 매일, 매일

Drake는 돈과 여자 그리고 여유 있는 삶을 자랑합니다. 그리고 당신의 인생도 한 번 뿐이니 작은 일에 연연하지 말고 후회 없이 즐기며 사랑하고 배우라고 권합니다. 그의 노래에 등장한 욜로는 우리 사회에서도 보통명사로 널리 사용되었고, 2017년 옥스퍼드 사전에도 등재됩니다.

또한, 미국 터프츠대학교의 입학 문제로도 출제되어서 화제가 되었습니다. 대학의 지원서에 Drake의 가사가 쓰였는데, 지원서의 즉석 에세이 부분의 여섯 가지 선택 주제 중 하나로 출제된 것입니다. 문제는 다음과 같습니다.

고대 로마인들이 "카르페 디엠(Carpe diem)"이란 말을 창조해내면서 시작됐고, Jonathan Larson이 "다른 날이 아닌 바로 오늘!(No day but today!)"이라 이야기했다. 가장 최근에는, Drake가 "인생은 한 번뿐(You Only Live Once)" 이라 설명했다. 당신은 정말 하루하루를 즐기며 살아 왔는가? 내일이 없는 것처럼 살았는가? 그게 아니라면 아마 미래의 어딘가로 뛰어드는 동안 욜로를 외칠 계획만 하고 있는 것이다. 욜로는 당신에게 어떤 의미인가?

세계적으로 욜로가 퍼진 계기는 2015년 2월 당시 미국 대통령 오바마 덕분입니다. 그는 전 국민 의료보험 가입을 의무화하는 정책 '오바마 케어'를 홍보하는 영상에서 '욜로 맨(YOLO man)'을 외쳤습니다.

우리나라에서 널리 퍼지게 된 것은 2017년 3월부터입니다. 특히 욜로는 젊은 층을 대상으로 하는 문화·예술 콘텐츠의 소비로 나타나게 됩니다. 또한, 욜로는 경제적으로 불안한 삶을 사는 젊은 사람들 사이에 주로 나타난 독특한 라이프 스타일(life style)로 자리 잡게 됩니다. 결국 욜로는 젊은 세대가 느끼는 미래의 불안 대신 현재의 즐거움을 추구하는 삶의 방식으로 바뀐 용어입니다.

욜로는 부정적인 면과 긍정적인 면이 있습니다. 먼저 부정적인 면은 우리나라에서 문화·예술 분야의 기획자나 마케터들의 마케팅 수단으로 활용되고 있다는 점입니다. 미디어 매체(media), 특히 TV를 통해 욜로가 해외여행이나 사치품을 구입하는 등 지나치게 소비를 지향하는 모습으로 보여지고 있습니다. 따라서 경제적인 여유가 없거나 그렇지 못한 사람들에게는 반감과 박탈감을 주기도 합니다.

예를 들어, MBC<나혼자산다-205회, 오지의 마법사>, SBS<우리미운새끼-스페인 이비자 편>, JTBC <효리네민박>, tvN <섬총사> 등 여러 예능프로그램은 여행에서 겪는 감동과 에피소드를 중점적으로 보여 주고 있지만, 일부 혹은 여러 부분에서 비춰지는 '욜로 라이프'는 일탈적 소비를 조장하는 것처럼 보입니다. 결과적으로 한국에서 욜로는 기획자들에 의해 '소비와 여행'으로 고정되고 있습니다.

반면, 긍정적인 면은 욜로라는 용어의 등장을 기점으로, 사람들은 자신의 행복에 대해 생각하기 시작했다는 점입니다. 욜로는 문화·예술 분야를 넘어 자신의 행복한 삶을 위해서 현재 무엇을 해야 하고, 무엇이 중요한지를 고민하게 했다는 점에서 우리 사회에 긍정적인 영향을 끼쳤다고도 볼 수 있습니다.

터프츠대학교의 입시문제를 다시 생각해 볼까요!

여러분은 정말 하루하루를 즐기며 살고 있습니까?
내일이 없는 것처럼 살고 있습니까?
욜로는 당신에게 어떤 의미입니까?

욜로는 분명 자신의 삶을 즐기며 행복하게 사는 것입니다.
하지만 욜로를 실천하는 것은 쉽지 않습니다.

다음 질문들도 곰곰이 생각해 볼까요?

자신이 원하는 것을 마음대로 구입할 수 있습니까?
자신의 삶을 즐기며 사는 것은 법이나 도덕적으로 문제가 없을까요?
우리는 평생 동안 욜로할 수 있습니까?
삶을 기쁘고 즐겁게 살기 위해서는 무엇이 필요할까요?

성찰하기

　욜로 라이프는 인생을 즐기는 삶, 즉 쾌락적인 삶과 동일합니다. 인생을 즐기는 삶을 이해하기 위해서는 먼저 쾌락이 무엇인지 아는 것이 중요합니다. 이때 쾌락적인 삶을 지나치게 멀리 생각할 필요는 없습니다. 예를 들어, 새디스트(sadist)처럼 다른 사람에게 가학적인 행위를 하면서 쾌감을 느끼는 것은 인생을 즐기는 삶과 동떨어져 있습니다.

　쾌락적인 삶, 인생을 즐기면서 사는 삶은 우리 사회·문화적으로 용인된 가치나 행위 안에서 살펴보는 것이 중요합니다. 이를 위해 다음 세 가지 키워드를 살펴 볼 것입니다.

쾌락_pleasure

돈_Money

자유_freedom

쾌락_pleasure

쾌락적 삶이란 어떤 삶일까요?

이 질문에 대해 탐구한 철학자가 바로 고대 그리스 시대를 살았던 에피쿠로스(Epikuros, B.C.341~B.C.270)입니다. 에피쿠로스는 방광에 돌이 생겨 14년 동안을 고통스럽게 살다가 생을 마감했습니다.

에피쿠로스

그의 철학은 "쾌락이란 무엇인가?"라는 물음에 최상의 답을 찾는 것이었습니다. 그 과정에서 죽음, 욕망, 본성, 자연, 감각 등을 탐구합니다. 또한, 순간적이고 동적인 쾌락을 추구하기보다는 지속적이고 정적인 쾌락을 추구했습니다. 결국 에피쿠로스는 진정한 쾌락을 개인이 '모든 정신적, 육체적 고통으로부터 해방'되는 것으로 주장합니다. 그의 말들을 들어볼까요?

- 어떠한 쾌락도 그 자체로는 나쁘지 않다. 하지만 많은 경우에, 쾌락들을 가져다주는 수단이, 쾌락보다는 고통을 가져다준다.

- 삶을 즐겁게 만드는 것은 술을 마시고 흥청거리는 일도 아니고, 성적 욕구를 만족시키는 것도 아니며, 오히려 어떤 욕망을 선택하고 어떤 욕망을 기피해야 하는지 잘 계산하는 일이다.

- 섹스는 사람에게 이득을 준 적이 없으며, 그것이 해를 주지 않았다면 운이 좋다.

- 모든 욕망은 다음과 같은 질문에 대면해야 한다. 내 욕망의 대상이 성취된다면 나에게 무슨 일이 생길까? 만약 그것이 성취되지 않는다면, 나에게 무슨 일이 생길까?

- 가장 큰 고통은 죽음과 신에 대한 공포이다.

- 가장 두려운 악인 죽음은 우리에게 아무것도 아니다. 왜냐하면 우리가 존재하는 한 죽음은 우리와 함께 있지 않으며, 죽음이 오면 이미 우리는 존재하지 않기 때문이다. 그렇다면 죽음은 산 사람이나 죽은 사람 모두와 아무런 상관이 없다. 왜냐하면 산 사람에게는 아직 죽음이 오지 않았고, 죽은 사람은 이미 존재하지 않기 때문이다.

- 우리가 우주의 본성이 무엇인지 모르고 신화의 정당성을 의심한다면, 우리는 가장 중요한 것들에 대한 두려움을 떨칠 수 없다. 그러므로 자연학이 없다면, 우리는 순수한 쾌락을 얻을 수 없다.

- 행복은 전체 현상의 본성에 대해 관찰하고 이런 목적을 위해 필요한 지식들을 획득하는 데 있다고 믿어야 한다. 신에 의해 전체가 운동한다는 잘못된 전제를 가지고 있으므로 신을 두려워한다.

출처: '에피쿠로스 저 · 오유석 역(1998), 쾌락, 문학과지성사'에서 발췌.

에피쿠로스는 세상의 중심에 지구가 있으며, 그 주위를 행성, 별, 태양이 돈다고 생각했습니다. 또한, 우리가 살고 있는 세상 이외에도 무한히 많은 다른 세상들이 우주 안에 존재한다고 생각했습니다. 따라서 자연 현상의 원인에 대해 의심한다면 우리는 마음의 평안을 얻을 수 없기에 행복해지기 위해서는 자연학을 연구해야 한다고 말한 점은 흥미롭습니다.

다른 한편에서 에피쿠로스의 쾌락을 얻기 위해서는 '사려 깊음과 자유'가 있어야 한다고 말합니다. 그는 사려 깊게 살지 않고서 즐겁게 살 수 없다고 합니다. 반대로 즐겁게 살지 않으면서 사려 깊게 살 수는 없습니다. 따라서 사려 깊게 살기 위한 척도를 가지지 않은 사람은 즐겁게 살 수 없습니다.

에피쿠로스의 쾌락은
지금 사회에 어떤 의미가 있을까요?

지금 우리 사회도 매우 고통스러운 사회적·경제적 상황에 놓여있습니다. '헬조선, 흙수저, 포세대'라는 신조어는 한국사회를 묘사한 씁쓸한 용어입니다. 그렇다면 우리는 이 같은 사회 상황을 어떻게 극복하고 받아들여야 할까요? 쾌락적으로 잘 살기 위해서는 어떻게 해야 할까요?

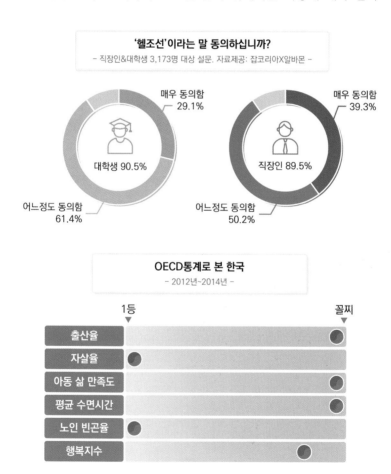

'헬조선'이라는 말 동의하십니까?
- 직장인&대학생 3,173명 대상 설문. 자료제공: 잡코리아X알바몬 -

매우 동의함 29.1%
대학생 90.5%
어느정도 동의함 61.4%

매우 동의함 39.3%
직장인 89.5%
어느정도 동의함 50.2%

OECD통계로 본 한국
- 2012년~2014년 -

1등 / 꼴찌

출산율
자살율
아동 삶 만족도
평균 수면시간
노인 빈곤율
행복지수

지금 사회 상황에서 인생을 즐기는 쾌락적 삶의 조건은 여러 가지가 있습니다. 쉽게 떠오르는 것은 '건강, 돈, 자유, 친구, 행운' 등입니다. 이 중에서 사려 깊게 다루어야 할 '돈과 자유'에 대해 이야기하고자 합니다. 왜냐하면, 돈과 자유는 삶에서 우리를 복잡하게 얽매고 있습니다. 심지어 쾌락적인 삶은 '돈으로 자신이 원하는 물건을 마음대로 살 수 있는 자유'라는 믿음이 강하기 때문입니다.

돈이 많아야 쾌락적 삶은 가능할까요?
얼마나 많은 돈이 있어야 행복할까요?
돈과 친구 중에서 무엇이 더 중요할까요?
돈으로 자유를 살 수 있습니까?
자유와 쾌락은 어떤 관계가 있을까요?

돈_Money

돈(money)은 즉시 무엇을 살 수 있는 자산을 말합니다. 현금이 들어 있는 예금도 해당합니다. '돈'이 되려면 어떤 것을 쉽게, 예측 가능하게 재화나 서비스를 구매할 수 있어야 합니다. 유통되는 지폐와 동전은 '통화(currency)'라고 합니다. 모든 통화는 돈이지만 모든 돈이 통화는 아닙니다. 은행 예금은 돈이지만 통화는 아닙니다.

그러면, 부(wealth)와 돈은 어떻게 다를까요? 부는 다양한 가치 대상으로 말할 수 있습니다. 대형 건물이나 주택을 가지고 있으면 부자라고 말할 수 있습니다. 한편, 자녀가 5명이거나 희귀한 게임아이템을 많이 소장하고 있을 때도 자신을 부자라고 표현하기도 합니다. 따라서 모든 돈은 부이지만, 모든 부가 돈은 아닙니다.

통화_currency

부_wealth

우리 사회에서 자신이 원하는 대로 재화나 서비스를 소비할 수 있을 때 쾌락적인 삶은 쉽게 가능할 것입니다. 즉, 돈이 있어야 쾌락적으로 살 수 있다는 점은 분명합니다. 하지만 현실에서 모든 사람이 많은 돈을 갖고 있지 않습니다. 누구나 쉽게 로또 1등에 당첨될 수 있는 것도 아닙니다.

그런데 돈이 많다고 해서 인생을 즐기면서 행복한 삶을 살 수 있을까요? 돈이 아주 많거나, 로또 1등에 당첨되었다고 해서 모두가 행복한 삶을 살고 있을까요? 꼭 그렇지만은 않을 것입니다. 로또 1등에 당첨된 후 가족, 직장, 친구 모두를 잃은 사람도 있습니다.

이 장에서 말하고 있는 쾌락적 삶이란 '행복한 삶, 잘삶'을 말합니다.

돈과 쾌락적인 삶, 행복한 삶은 어떤 관련이 있는지 살펴봐야 합니다. 자신의 행복한 삶을 위해서는 돈의 의미를 파악하는 것이 중요하기 때문입니다.

행복한 삶은 잘사는 삶이고,
잘사는 삶은 인생에서 자신이 열망하고 원하는 것을 얻고,
자신의 능력을 최대한 활용해 가치 있다고
여기는 일에 참여하는 것입니다.

돈은 행복한 삶의 구성요소 중 하나입니다. 행복한 삶은 돈을 충분히 벌면서 의미 있고 가치 있는 삶을 사는 것입니다. 이때 소유와 행동을 구분해 볼 수 있습니다. 소유(having)는 현실적 욕구를 충족시키기 위해 돈을 충분히 갖는 것입니다. 행동(doing)은 우리의 자아를 일깨워주고 의미 있는 삶을 살고자 깊은 열망을 충족시키는 것입니다.

소유와 행동을 구분하는 것은 중요합니다. 왜냐하면, 우리가 추구하는 쾌락적인 삶과 관계가 있기 때문입니다. 은행통장에 1억을 모으는 것과 1억으로 무엇을 할 것인가는 다른 문제입니다. 또한, 행동은 공공의 이익을 해치거나 도덕적 문제를 일으켜서는 안됩니다. 자신의 행동은 다른 사람의 삶이나, 넓게는 다른 생명과도 연관되어 있기 때문입니다.

존 암스트롱(John Armstrong)은 돈에 의한 '두려움'이 가장 큰 문제라고 말합니다. 두려움은 돈에 대한 걱정입니다. 그는 돈 걱정 네 가지를 말합니다.

"돈이 없으면 나의 사회적 신분이 낮아질 것이다."
"돈 때문에 인생을 허비할지도 모른다."
"내가 갈망하던 것들을 죽을 때까지 갖지 못할 수 있다."
"돈에는 운명 같은 게 있어서 내가 어떻게 할 수 없다."

쾌락적인 삶을 위해서 많은 돈이 필요한 것은 사실입니다. 하지만 현실적으로 무한히 많은 돈을 소유할 수 없다면 어떻게 해야 할까요? 우리는 돈이 없어 가난하다는 생각 때문에 자존심이 쉽게 상처입습니다.

가장 중요한 것은 돈에 대한 걱정이 아닙니다. 자신에게 정말 필요한 것이 무엇인지를 알 수 있어야 하고, 자신의 필요에 관한 내적 우선 순위를 구성하는 것입니다. 그리고 돈과의 관계에 있어서 자신은 좀 더 창의적인 사람이 되고, 더 인내심을 가지고, 자신이 좋아하는 것에 더 진지해지고, 우리의 판단에 대해 더 영리해지고 독립적인 생각을 해야 합니다.

자유_freedom

다음 키워드는 '자유'입니다. 쾌락적인 삶이 행동으로 나타나는 삶을 '자유로운 삶'이라고 말할 수 있습니다. 예를 들어, 음식점에서 자신이 좋아하는 음식을 먹을 수 있다면 자유로운 삶의 하나일 것입니다.

하지만 자유로운 삶에서 자유는 '절대적 자유'를 의미하지 않습니다. 가상적 존재인 슈퍼맨은 자신이 원하는 것을 마음대로 할 수 있는 초능력을 가졌습니다. 그는 지구를 정복할 수도 있습니다. 우리는 신이나 슈퍼맨이 아니기에 현실에서 절대적 자유를 행사할 수 없습니다. 따라서 현실 안에서 자유를 살펴봐야 합니다.

영화 〈Man of steel〉 중에서

　　사회심리학자이며 정신분석학자, 철학자인 에리히 프롬(Erich Fromm, 1900~1980)은 '자유로운 삶'이란 자아를 자발적으로 실현시키며 살아가는 삶이며, 이러한 삶이 가능한 사회를 '건전한 사회'라고 했습니다. 건전한 사회는 정신적으로 건강한 삶을 살 수 있는 사회입니다.

에리히 프롬

　　또한, 프롬은 자유를 소극적 자유와 적극적 자유로 구분합니다. 소극적 자유는 '~으로부터의 자유'로 어떤 구속으로부터의 해방을 뜻하며, 적극적 자유는 '스스로 창조하는 것'입니다. 예를 들면, 어려운 수학문제에서 벗어나기 위해 꾀병을 부리는 것(소극적 자유)과 어려운 수학문제를 새롭게 푸는 방식을 찾는 것(적극적 자유)은 차이가 있습니다.

　　프롬은 근대 사회로 넘어오면서 자유가 인간에게 독립성과 합리성을 가져다주기는 했지만, 자유는 인간을 고독하게 만들고 불안하고 무기력한 존재로 전락시켰다고 말합니다. 이러한 고독은 견디기 힘든 것이기에 자유의 무게를 감내하지 못한 채 또 다른 속박과 순응(예를 들어, 나치의 전체주의)에 종속되기도 합니다. 종속은 진정한 자아를 가리고 약화시키며, 그것은 결국 탐욕, 나르시시즘, 이기주의로 나타나게 됩니다. 이기심은 인간으로부터 진정한 자유와 자신의 인간애를 빼앗아 버립니다.

나치의 전체주의(30만 명의 경례)

　　이와 달리 스스로를 사랑하며, 스스로를 받아들인 사람은 자신의 존재에 불안감보다 내재적 안정감을 느끼게 됩니다. 내적 안정감은 순수한 애정과 지지의 기반에 의해서 존재할 수 있습니다. 만약 내적 안정감이 없다면 끊임없이 자신을 염려하며, 모든 것에 탐욕스러워지게 됩니다.

　　결국 소극적 자유는 개인을 고립시키며, 개인과 세계와의 관계를 멀어지고 신뢰할 수 없게 합니다. 적극적 자유는 자기 긍정의 분명한 표현이며 자신이 삶의 중심입니다. 이때 적극적 자유는 자기중심주의를 말하는 것이 아니라, 자아의 철저한 긍정을 분명히 표현하는 것입니다. 이는 현실 도피에 맞설 수 있는 윤리적 행위를 통한 자유이며, 개인적인 자아의식이나 민주적 가치에 대한 사유를 깊이 있게 만듭니다.

쾌락적인 삶을 살기 위해서는 적극적 자유가 필요합니다.
쾌락적인 삶은 자아를 긍정하는 자존감에서 나옵니다.
진정한 자아는 쾌락을 탐욕과 나르시시즘, 자기중심주의로
빠지지 않게 합니다.

실천하기

쾌락적인 삶을 살기 위해서는 무엇을 실천해야 할까요?

첫째, 우정을 쌓아가는 것입니다. 에피쿠로스의 말처럼, 쾌락적인 인생을 위해서는 반드시 친구가 필요합니다. 에피쿠로스는 기원전 307년경 아테네에 있는 정원을 구입해서 학교를 세우고 죽을 때까지 정원공동체에서 활동했습니다. 그의 제자 중에서 노예나 창녀도 있어서 많은 사람들이 그를 비웃었습니다. 하지만 사람들은 에피쿠로스와 제자들 사이의 친밀한 관계를 부러워했습니다. 그는 방광결석으로 고통스러운 말년을 보냈지만, 친구들과의 우정으로 육체적 고통을 극복할 수 있었습니다.

〈철학자의 정원〉, Antal Strohmeyer, 1834

에피쿠로스는 일생 동안 지혜가 필요하고 윤리적 덕목을 실천해야 할 것 중에서 가장 위대한 것은 '좋은 친구를 얻는 것'이라고 했습니다. 좋은 친구는 우리 삶을 균형 잡게 해줍니다. 예를 들어, 돈과 관련해서도 우정은 중요합니다. 우정은 돈의 걱정과 두려움에서 벗어나게 도와주기 때문입니다. 짐 스트롱은 돈과 관련해 올바른 친구를 구해야 한다고 말합니다.

- 우리에게 현실을 직시하라고 격려해주는 사람
- 다른 사람을 모욕하기 위한 수단으로 돈을 이용하지 않는 사람
- 돈에 대한 절망감이나 분노를 전파하지 않는 사람
- 좋은 습관을 격려하는 사람
- 자신의 경제적 경험에 솔직한 사람
- 자신의 생각을 강요하지 않고 당신의 이야기를 열심히 들어주는 사람
- 돈에 대해 확실하게 설명해주며 어떤 어려움에도 당황하지 않는 사람

위와 같은 친구가 자신의 주위에 있다면 돈 걱정에 대해서 보다 자유로워질 수 있습니다.

여러분 주위에는 몇 명의 친구가 있나요?

둘째, 절제하는 실천이 필요합니다. 쾌락적인 삶을 위해서는 여러 가지 덕목이 필요합니다. 예를 들어, 많은 돈이 있더라도 여러 가지 '덕목'이 없다면 돈은 그 가치를 잃어버리게 됩니다. 욜로를 위한 여행을 생각해 볼까요?

돈의 많고 적음은 여러 선택지를 제공합니다. 어디에서 묵을 것인지, 비행기 좌석, 무엇을 먹을 것인지 등. 이 여행에 신중함, 모험 정신, 목적의식, 자기이해가 있다면 행복한 여행이 될 것입니다. 하지만 앞의 덕목이 없이 돈으로만 여행한다면 어떻게 될까요? 우리가 예상할 수 있는 것은 피곤함, 피상적인 여흥, 밋밋한 추억, 진정성 없는 문화적 경험, 자기부정과 불만족을 경험할 것입니다.

여행에 필요한 덕목을 정제하면, 그 핵심은 고대 철학자들이 강조한 '절제'입니다. 절제는 진정한 쾌락적 삶에 큰 영향을 주는 덕목입니다. 플라톤은 대화편 『국가』에서 절제에 대해 자신의 쾌락과 욕망을 억제하는 것으로, '자기 자신을 이기는 것'이라고 말합니다. 하지만 자기 자신을 이긴다는 표현은 조금 이상합니다. 자신에게 지는 사람이나 이기는 사람은 바로 자신이기 때문입니다.

자신을 이기는 사람이란 자신의 보다 나은 부분이 보다 못한 부분을 제압하는 것입니다. 반면에 보다 못한 부분에 의해 보다 나은 부분이 제압된 상태의 사람은 자기 자신에게 진 무절제한 사람입니다. 예를 들어, 아메리카노 커피가 맛있다고 해서 한꺼번에 10잔을 마시지 않습니다. 건강한 자신이 커피를 좋아하는 자신을 이기는 것입니다.

×10잔

아리스토텔레스는 『니코마코스 윤리학』에서 중용의 덕인 '절제'를 말합니다. 절제와 반대되는 것은 지나치게 쾌락을 추구하는 '방종'과 육체적 쾌락에 대해 '무감각'입니다. 절제는 주로 방종과 대립되는 중용의 덕입니다. 왜냐하면 완전히 무감각한 사람은 거의 없기 때문입니다. 그는 쾌락을 육체적 쾌락과 정신적 쾌락으로 구분합니다. 정신적 쾌락은 자기가 좋아하는 책을 읽으면서 기쁨을 느끼는 것에 해당할 수 있으며, 일반적으로 정신적 쾌락을 추구하는 사람을 가리켜 방탕한 사람이라고 말하지 않습니다.

절제는 육체적 쾌락과 더 밀접합니다. 특히 절제는 미각과 촉각의 쾌락과 관련 있는 덕입니다. 대개 사람들은 향락, 음식, 성관계에서 감각적 기쁨을 느낍니다. 무절제한 사람이 기쁨을 느끼는 것은 향락으로, 이것은 모두 촉각을 통해서 일어나며, 먹는 것과 마시는 것, 성애적인 것 안에서 일어납니다. 육체적 쾌락 중에서 후각에 대해 절제나 방종이라는 말을 쓰지 않습니다. 절제와 관련 있는 육체적 쾌락은 대부분 촉각에 해당합니다.

라파엘로의 〈아테네학당〉 부분, 플라톤(중앙의 왼쪽)과 아리스토텔레스(중앙의 오른쪽)

그렇다면 우리는 어떻게 해야 절제하는 사람이 될 수 있을까요?

절제하는 사람은 마땅히 추구해야 할 것을, 마땅히 추구해야 할 정도로, 그리고 마땅히 추구해야 할 때에 추구합니다. 또한, 절제 있는 사람은 즐거운 것이 없음에도 고통스러워하지 않고, 즐거운 것을 삼가고서도 고통스러워하지 않습니다. 그러므로 무절제한 사람은 즐거운 것들 모두를, 혹은 가장 즐거운 것들을 욕망하며, 다른 모든 것들 대신 이것들을 선택할 정도로 자신의 욕망에 이끌리게 됩니다.

절제하는 사람은 절제하는 실천(행위)을 해야만 됩니다.

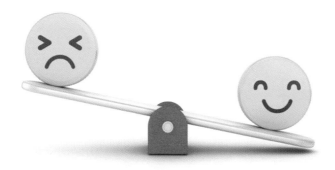

셋째, 자발적 활동이 많아야 합니다. 앞서 쾌락은 자유로운 삶에서 나온다고 했습니다. 자신의 것을 생각하고 느끼고 표현하는 것에서 우리는 자부심과 행복, 쾌감을 얻습니다. 예를 들어, 아이들은 자기 것을 느끼고 생각하는 능력을 가지고 있습니다. 누군가 시키지 않아도 관심 갖고 만져보는 스스로의 활동에 만족합니다.

예술가, 철학자, 과학자들도 마찬가지입니다. 이들은 자기 자신을 어떤 객관적인 수단으로 표현하는 능력을 가진 사람들입니다. 이들의 쾌감은 자기 자신을 객관적으로 표현하는 자발적 활동에서 나옵니다. 결국 자발적 활동은 자신을 새롭게 외부 세계와 결부시키는 것입니다.

03

무능함에서 벗어나려면

무능함과 무력함은 어떻게 다를까요?
자신이 무능하다고 느낀 적은 없나요?
무능함은 개인과 사회에 어떤 문제를 일으킬까요?

Keyword

무능함, 무력함, 힘, 사유, 공감, 감정이입, 질문

03_무능함에서 벗어나려면

　　인기 웹툰을 영화로 만든 '패션왕(2014)'이 있습니다. 학교폭력 피해자인 주인공 우기명이 서울로 전학 간 후 절대 간지나는 패션왕으로 거듭난다는 이야기입니다.

　　영화 처음 부분에 학교폭력 장면이 나옵니다. 자신이 하고 싶은 일도, 꿈도 없던 우기명은 '와이파이＋빵 셔틀'을 당합니다. 그 현장에는 우기명(피해자)을 직접 괴롭힌 주동자(가해자), 촬영하는 동조자(가해자), 지켜보는 방관자의 모습을 엿볼 수 있습니다.

그렇다면, 주인공 우기명은
무능하고 무력해서 학교폭력을 당한 것일까요?

영화 〈패션왕〉 장면 중에서

앞의 질문에 답해보기 전에 먼저 '무능'과 '무력'의 사전적 의미를 살펴봅시다. 무능은 '능력이나 재능이 없어 무슨 일을 해결하거나 제대로 할 수 없음'을 말하며, 무력은 '의욕이나 영향력이 없음'을 의미합니다.

일상생활에서 무능과 무력은 비슷한 의미로 쓰이고 있습니다. 축구경기에서 0:9로 졌다면 우리는 감독을 무력하거나 무능했다고 말할 수 있습니다.

만약 진도9.0의 지진이 발생해 많은 피해를 입었다면,

인류는 무능해서 입니까?
아니면 무력한 것입니까?

무능과 무력의 의미를 조금 차이나게 규정해 볼 수 있습니다. 인류는 통제할 수 없는 자연현상인 지진에 대해 '무력'했다고 말할 수 있습니다. 인류가 무능해서 9.0의 지진 피해를 입은 것이 아니라 무력한 것입니다.

무능은 힘이나 능력을 가지고 있을 때도 나타납니다. 축구 경기에서 감독은 몸 상태가 좋은 선수를 뛰게 하거나 상대편 전술에 대비하는 경기를 운영해야 합니다. 그런데 이를 무시하고 감독이 좋아하는 선수만을 기용하거나 비효율적인 전술을 사용해 0:9로 졌다면 이때 감독은 무능하다고 할 수 있습니다.

무능함은 힘이 있더라도
올바른 판단이나 실천을 못할 때
나타날 수 있습니다.

그러면 우기명이 당한 학교폭력에 대해 다음과 같은 질문을 제기해 볼 수 있습니다.

셔틀을 당한 우기명(피해자)은 무능합니까? 무력합니까?
다리 위에서 지켜보고 있는 방관자는 무능합니까? 무력합니까?
학교폭력의 가해자는 무능합니까? 무력합니까?

학교폭력 피해자는 대개 무력함에 가깝습니다. 도라에몽 주인공 진구는 덩치 크고 힘이 센 퉁퉁이를 당해낼 수 없습니다. 또한 집단으로 괴롭히는 경우 혼자서 물리적으로 저항하기란 쉽지 않습니다.

방관자는 무능하며 무력합니다. 무능해서 타인의 고통을 외면하거나 이해하지 못합니다. 또한 자신도 괴롭힘을 당할까봐 무력한 모습을 보입니다.

가해자는 무능함에 가깝습니다. 남다른 재능이나 힘, 지위로 폭력을 행사하며 이 과정에서 올바른 판단을 하지 못합니다.

	무능함	무력함
피해자	–	●
방관자	●	●
가해자	●	

조금이라도 남보다 나은 힘이나 지위, 지식이 뛰어난 사람은 올바르게 판단하고 행동해야 합니다.

초능력을 가진 스파이더맨의 행동 좌우명이 있습니다.

"with great power comes great responsibility."
"큰 힘에는 큰 책임이 따른다."

스파이더맨인 피터는 초인적 힘을 얻은 후 어느 날 자기 근처로 도망가던 강도를 그냥 보내줍니다. 자신의 일과 무관하기 때문입니다. 그러나 나중에 강도에게 삼촌 벤이 죽임을 당합니다. 강도를 잡고 보니 그 강도는 자신이 예전에 그냥 보내준 강도와 같은 사람임을 알게 되고 스파이더맨은 큰 충격을 받습니다. 이때 스파이더맨은 "큰 힘에는 큰 책임이 따른다"는 사실을 깨닫고 히어로의 삶을 시작합니다.

　　학교폭력의 사례로 무능함과 무력함을 차이나게 구분하는 이유가 있습니다. 왜냐하면, 피해자의 무력함보다 가해자나 방관자의 무능함이 우리 사회에 더 큰 영향을 주기 때문입니다.

성찰하기

무능함은 사회에서 어떤 문제를 야기할까요?

　무능은 힘이 있더라도 올바른 판단이나 실천을 하지 못할 때 큰 사회문제와 혼란을 만들어 냅니다. 학교폭력에서 가해자나 방관자는 올바른 판단이나 실천 없이 타인에게 폭력을 행사합니다. 안타깝게도 이러한 사례는 우리 사회에 만연해 있습니다.

　우리 사회의 무능함을 적나라하게 보여준 사례는 2014년 4월 16일에 일어난 세월호 참사입니다. 세월호 참사는 각종 비리와 적절한 현장 대응의 부재, 정부의 무능과 무책임의 상징입니다.

　세월호 선장은 승객에게 가만히 있으라고 말하고 본인은 탈출합니다. 세월호의 조난 신호를 받고 온 해경은 배가 가라앉던 1시간 30분 동안 허둥대기만 했습니다. 또한 재빠른 구조보다는 자신들과 거래하는 업체를 부르느라 골든타임을 놓쳐버립니다.

시민의 생명과 재산을 지켜야 하는 정부는 "청와대는 재난구조의 컨트롤 타워가 아니다"라고 책임을 회피했습니다. 심지어 당시 집권 여당과 정부는 세월호 참사 진상규명을 위한 특별조사위원회를 방해하기까지 했습니다.

　　참다못한 세월호 유가족은 2014년 9월 6일 목숨을 건 단식 투쟁을 합니다. 그런데 여러 극우 단체와 일베(일간 베스트)회원은 단식 투쟁을 하던 광화문 광장에 '폭식투쟁'을 전개했습니다. 이들은 치킨과 피자, 맥주를 먹고 마시며 단식 중인 유가족을 조롱했습니다.

세월호 유가족 단식 현장 옆에서 치킨을 먹는 일베 회원

　　언론은 '폭식 투쟁'을 기획한 사람에게 이유를 물었습니다.

"석가모니도 아니고 그 분이 46일 동안 완전히 굶었다고 생각을 안해요. 오히려 그거를 지켜보고 있던 사람들이 자살 방조를 하고 있다고 생각해 명분을 만들어 단식을 하차시키는 게 좋겠다고 생각했다. 그분을 멈추게 하기 위해 먹었다고 말했는데 다른 사람들은 그렇게 생각을 안 할 수도 있을 것 같다. 후회없다."

결국 기획자는 '자살 방조'를 막기 위해 폭식투쟁을 했다고 자신을 합리화하고 있습니다.

진상 규명을 위해 단식투쟁한 유가족은
무능한 것일까? 아니면 무력한 것일까요?
유가족 단식현장에서 조롱하며 피자를 시켜먹은 이들은
무능한 것일까요? 무력한 것일까요?

세월호 유가족은 무력했지만,
조롱하며 피자를 먹은 이들은 무능하다고 말할 수 있습니다.

또한, 사고가 난 세월호에서 빠져 나오지 못한
학생들은 무능해서일까요?

그렇지 않습니다. 사고 당시 상황파악이 어려웠던 승객의 안전은 선장의 책임이며, 이 책임을 다하지 못한 선장의 무능 때문에 학생들은 기울어진 배에서 빠져나오지 못한 것입니다. 세월호 참사는 우리 사회의 여러 무능함을 보여주는 슬픈 사례입니다.

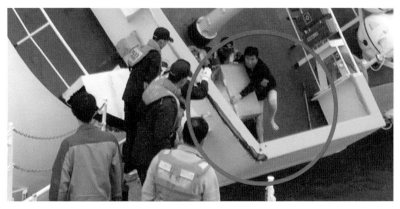

침몰 중인 세월호에서 탈출하는 선장

다음은 무능함이 잘 드러난 유명한 역사적 사례입니다. 2차 세계대전 때 유대인 600만 명의 학살(홀로코스트)은 인류의 끔찍한 비극 중의 하나입니다.

그림 (위) 영화 〈쉰들러 리스트〉 중에서 / (아래) 유태인 수용소 모습

Holocaust in 1945.
Buchenwald concentratio

　　정치철학자 한나 아렌트(Hannah Arendt, 1906~1975)는 유대인 학
살과 밀접한 관련자의 재판을 취재하게 됩니다. 관련자는 '루돌프 아이
히만'이라는 당시 독일 장교로 유대인 학살에 직접 관여한 인물입니다.

한나 아렌트

루돌프 아이히만

그는 유대인을 죽음의 수용소로 이동시키라는 상부의 명령을 성실하고 유능하게 수행했습니다. 전쟁 이후 도망친 아이히만은 1960년에 체포되어 이스라엘의 법원에서 재판을 받게 됩니다. 아렌트는 이 재판에 관심을 가지고 취재해서 『예루살렘의 아이히만』이라는 취재 보고서를 책으로 출판했습니다. 이 책은 학술서적이 아니라 대중을 위한 책이지만 많은 논쟁을 불러 왔습니다.

책에서 눈여겨볼 개념은 '악의 평범성(banality)'입니다. 악이란 평범한 모습을 하고 우리가 쉽게 접근할 수 있는 근원에서 나온다는 의미를 담고 있습니다. 아렌트는 아이히만이 유대인 600만 명을 살해한 악마 같은 사람이 아니라 단지 자기가 무슨 일을 하고 있었는지 전혀 깨닫지 못했던 사람이라고 평가했습니다. 아이히만은 정상적이고 우리 주위에서 볼 수 있는 평범한 사람입니다. 그렇다면 아이히만은 왜 유대인 600만 명을 살해한 일을 했을까요? 아렌트는 무능함 때문이라고 말합니다.

영화 〈아이히만 쇼〉 중에서

"아이히만의 경우 성가신 점은
바로 그토록 많은 사람들이 그와 같다는 점, 그리고 그 많은 사람들이
도착적이지도 가학적이지도 않다는 점,
즉 그들은 아주 그리고 무서울 만큼 정상적이었고
또 지금도 여전히 정상적이라는 점이다."

"아이히만은
'타인의 관점에서 생각'할 능력이 없는 사람이었습니다."

우리 모두가 뛰어난 능력을 갖고 있는 것은 아닙니다. 때론 무력하기도 합니다. 하지만 국가나 개인의 무능함은 사회와 개인에게 심각한 피해를 줍니다. 그렇다면 세월호 참사에서 나타난 국가의 무능함과 아이히만의 무능함은 왜 나타나는 것일까요?

아렌트는 그 이유를 다음과 같이 말합니다.

"다른 사람의 처지를 생각할 줄 모르는 생각의 무능은
말하기의 무능을 낳고 행동의 무능을 낳는다.

즉, '생각(사유)의 무능' 때문입니다. 우리 주위에 악이 평범한 곳에서 나올 수 있는데 그것은 바로 생각의 무능함에서 나옵니다.

무능함에서 벗어나려면 지금 무엇을 해야 할까요?
바로 '질문하고 공감'할 수 있어야 합니다.

첫째, 질문을 하는 것입니다. 아인슈타인도 가장 중요한 것은 '질문을 멈추지 않는 것'이라고 했습니다. 그는 상상력과 질문으로 현대 과학기술 문명의 기초를 놓았으며, 인류의 사고를 혁명적으로 바꾸었습니다.

"만약 내게 1시간 동안 문제를 해결해야 한다면
나는 55분을 핵심이 되는 훌륭한 질문을 찾고 결정하는 데 보낼 것이다.
만약 그런 좋은 질문을 내가 찾았다면 나머지 5분 안에
나는 문제를 해결할 수 있을 것이다."

아인슈타인의 말처럼 좋은 질문은 문제의 핵심과 본질을 꿰뚫는 통찰력을 제공해줍니다.

그렇다면, 좋은 질문이란 어떤 것일까요?

우리는 '좋은 질문'에 대한 선입견을 가지고 있습니다.

좋은 질문은 '맞는 질문'일까요?
질문에 맞는 질문과 틀린 질문이 있을까요?
모든 질문에는 정답이 있을까요?

꼭 맞는 질문이나 정답이 있는 질문만 좋은 질문은 아닙니다. 예를 들어 볼까요?

1. 우유는 물에 섞이는가?
2. 우유는 어떤 동물에게서 얻는가?
3. 세상의 모든 물이 우유로 바뀌면 어떻게 될까?
4. 우유를 꼭 마셔야 할까?
5. 동생은 왜 밥을 우유에 말아 먹을까?

1, 2번 질문은 답할 수 있지만 3, 4, 5번 질문은 꼭 정답이 분명한 것은 아닙니다. 따라서 질문은 좋은 질문이 있을 순 있지만 '맞는 질문, 정답이 있는 질문'만 있는 것은 아닙니다. 질문은 질문일 뿐입니다. 만약 모든 질문에 정답이 있다는 선입견에 사로잡히게 된다면 자칫 스스로를 변화시킬 수 없는 무능함에 빠질 수 있습니다.

또한, 생각의 무능은 질문할 수 없을 때 나옵니다. 바꿔서 말하면, 질문할 수 없으면 생각할 수 없습니다. 정답이 있는 질문만 찾으려면 오히려 생각할 수 없게 됩니다. 정답이 있는 질문을 만들기보다는 먼저 질문을 던지는 것이 필요합니다.

소크라테스는 '캐묻지 않은 삶은 사람에게는 살 가치가 없는 것'
이라고 말합니다. 자신의 생각이나 다른 사람과 대화를 하면서 질문
할 수 있어야 자신과 타인을 올바르게 이해할 수 있습니다.

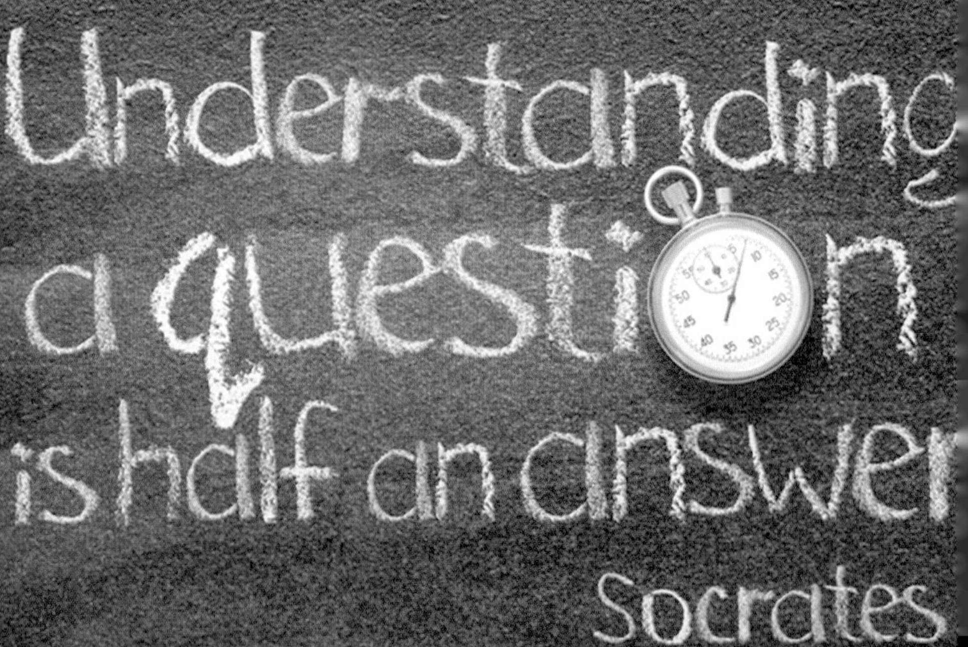

Understanding
a question
is half an answer
Socrates

둘째, 공감하기입니다. 공감(empathy)은 다른 사람의 입장과 마음을 아는 것입니다. 상대방의 입장에서 상황을 바라보고 문제를 파악하는 것이며, 상대방 마음이나 감정을 대신 경험하는 것입니다.

공감은 감정이입(Einfülung)이라는 독일어에서 유래했습니다. 1872년 로베르트 피셔(R. Vischer)가 미학에서 처음 사용한 감정이입은 관찰자가 보는 물체에 자신의 감성을 투사하는 방법을 설명하는 용어입니다. 즉, 예술작품을 감상하고 즐기는 원리를 밝히기 위해 만들어진 것입니다. 이후 딜타이(W. Dilthey, 1833~1911)는 인간 정신과정을 설명하는 데 이 용어를 사용하였습니다. 그에게 감정이입은 다른 사람의 입장이 되어 그들이 어떻게 느끼고 생각하는지를 이해하는 것입니다.

물론 심리학에서의 공감은 힘든 감정에 초점을 두고 다른 사람의 감정에 주로 호응하는 시도이며, 감정이입은 기쁘거나 힘든 감정에 상관없이 감정을 공유하며 다른 사람의 감정을 이해하고자 하는 시도로 구분해서 설명하기도 합니다.

앞서 아렌트는 아이히만의 무능함을 바로 다른 사람의 처지를 알지 못하는 생각의 무능이라고 진단했습니다. 아이히만은 공감능력이 결여된 사람이었습니다.

그렇다면 공감능력은 어떻게 높일 수 있을까요?

먼저 자신의 감정이나 모습을 살펴보는 '자기이해'가 중요합니다. 왜냐하면, 타인을 이해하기 위해서는 자신을 똑바로 이해할 수 있어야 하기 때문입니다.

다음 질문에 대해 생각해 볼까요?

자신이 좋아하고 싫어하는 것이 무엇입니까?
무엇을 할 때 즐겁습니까?
지금 자신은 어떤 감정을 지니고 있습니까?
지금 걸치고 있는 옷은 왜 입고 있습니까?

공감능력을 높이는 또 다른 방법은 '예술을 감상하는 것'입니다. 다음 사진은 퓰리처상 (1968년)을 받은 유명한 사진입니다. 사진 속 안전모를 쓴 남성은 어떤 마음일까요?

The Kiss of Life, 1968년 퓰리처 수상작, 로코 모라비토

사진 속 톰슨은 절망 속에서 동료를 살리겠다는 절박한 마음이었습니다.

1967년 7월 17일 미국 플로리다 주에 무더위로 에어컨 사용량이 급증했습니다. 순간 전력이 치솟자 전기 시스템에 과부하가 걸리고, 잭슨빌시 일대가 순간 정전되는 사태에 이르게 되었습니다.

이때 전신주에 올라가 한창 수리를 하던 전기공사 직원 랜덜 챔피언은 전기에 감전됩니다. 그는 정신을 잃고 안전벨트에 축 매달린 채 늘어져 있었습니다.

구급차를 불렀지만, 고압의 전류에 감전되어서 살아날 가망성이 없었습니다. 그 때, 그 옆 전신주에서 일하던 동료 톰슨이 챔피언이 있는 전신주에 올라갔습니다. 그리고 의식을 잃은 챔피언에게 인공호흡을 시작했습니다.

사진을 찍은 모라비토 기자는 절망의 순간을 사진에 담으면서도 끊임없이 '그가 살게 해달라'며 희망을 기도했습니다. 그 때 톰슨이 소리쳤습니다. "그가 숨을 쉬어요."

우리는 한 장의 사진예술을 통해서 동료인 톰슨과 기자인 모라비토의 감정을 느낄 수 있습니다. 이처럼 다양한 예술을 감상하는 것은 다른 사람이나 사태를 공감할 수 있게 해줍니다.

마지막으로 시인 '메리 올리버(Mary Oliver, 1935~2019)'는 이 우주에서 우리에겐 두 가지 선물이 주어진다고 말합니다. 하나는 '질문하는 능력'과 '사랑하는 능력'입니다. 이 두 가지 선물은 우리를 따뜻하게 해주는 불인 동시에 우리를 태우는 불이라고 합니다. 우리는 누구나 질문할 수 있습니다. 또한 자신과 다른 사람을 사랑할 수 있는 능력을 가지고 있습니다. 이 두 가지는 우리를 무능함에서 벗어나게 해 줍니다.

"우주가 우리에게 준 두 가지 선물은
질문하는 능력과
사랑하는 능력입니다."

시인 메리 올리버

04

열등감을 극복하고
성장하려면

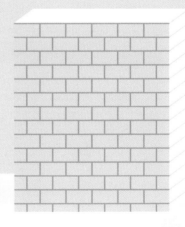

사람들은 누구에게나 열등감이 있을까요?
혹시 열등감이 있다면 자신이 생각하는 열등감은
어떤 것인가요?
열등감의 원인은 무엇이라고 생각하나요?
열등감을 극복하기 위해 어떤 노력을 하고 있나요?
자신의 열등감과 이것을 극복하기 위한 노력은
스스로의 삶에 어떤 영향을 미치고 있다고 생각하나요?

Keyword

열등감, 보상, 우월성 추구, 사회적 관심, 생활양식,
형제의 서열순, 가상적 목적, 콤플렉스

04_열등감을 극복하고 성장하려면

미국의 유명한 정신의학자인 제롬 프랭크(Jerome Frank, 1889~
1957)는 딸 줄리아(Julia)와 함께 정신질환자의 공통적인 특징에 대해
연구한 끝에 재미있는 결론을 내린 바 있습니다.

"모든 정신장애는 기가 죽어서 생기는 병이며,
기를 살리는 것이 모든 치료 방법의 공통적인 요인이다."

제롬 프랭크

제롬 프랭크가 말하는 '기가 죽어 생기는 병'은 무엇일까요? 그것
은 다름 아닌 '열등감'입니다. 모든 정신적 장애의 근본에 웅크리고 있
는 것이 바로 열등감이라고 할 만큼 열등감은 위험한 증상입니다.

그렇다면, 여러분은 자신에 대해 어떻게 생각하나요?

잘나고 똑똑한 사람? 못나고 열정이 없는 사람?

부지런한 사람? 게으른 사람? 운이 좋은 사람? 운이 나쁜 사람?

노력해도 잘 풀리지 않는 사람? 노력하면 잘 되는 사람?

열등감은 어떤가요?
'열폭'이라는 단어를 들어본 적 있나요?

'열등감 폭발'이라는 뜻의 신조어인 '열폭'은 화를 내지 않아도 되는 상황에서 갑작스럽게 터지는 비논리적인 분노와 짜증 등을 비하할 때 쓰인다고 합니다. 인간은 외모, 학력, 사회 경제적 지위, 지적 능력, 인간관계, 대화 능력, 체력, 부모, 배우자, 자녀, 직장, 사회적 경험, 자기존재, 심리적 안정감 등에 대해 누구나 스스로에게 못마땅한 부분이 있습니다. 이 때문에 의욕도 없어지고, 열등감 폭발로 인해 용기를 잃을 때도 있지요. 달리 생각하면, 인간이라면 누구나 말 못할 열등감 하나쯤은 갖고 있기 마련이라는 뜻이기도 합니다.

내가 왜 이러지? 그러지 말아야지 하면서도
스스로를 괴롭히는 나만의 열등감, 이것을 어떻게 이해할 수 있을까요?
또한, 이를 잘 극복하기 위해서 우리는 어떤 노력을 해야 할까요?

인간이 삶을 살아가고 살아내는 동안 많은 사람들은 스스로에 대해 긍정적으로 생각하고 즐거워하기도 하지만 부정적으로 생각을 하고 행동하며 괴로움을 호소하기도 합니다. 주변을 둘러보면 누가 봐도 멋지고, 예쁘고 잘난 사람이며, 나름 성공한 사람도 타인들로부터 무시당할 것만 같은 생각에 불안과 두려움에 빠져 자신없어하며, 힘들어 하는 안타까운 모습들을 종종 보게 됩니다.

우리가 삶을 살아가는 동안 늘 즐겁고 행복하게 살 수만 있다면 좋겠지만 종종 우리의 삶을 자유롭고 만족스럽지 못하도록 방해하는 열등감이 찾아온다면 어떻게 해야 할까요? 이를 극복하는 방법에는 무엇이 있을까요?

4장에서는 열등감이 우리의 삶에 어떤 영향을 미치는지, 우리들이 겪는 열등감이 어떻게 형성되는지, 이를 극복하려면 어떻게 해야 하는지를 살펴보고 건강한 삶을 살기 위해 긍정적으로 성장하려면 어떻게 해야 하는지에 대해 알아보겠습니다.

"열등감은 스스로 인정하지 않는 한 절대로 생기지 않는다."
– 앨리너 루즈벨트 –

"인간이 된다는 것은 자기가 열등하다는 것을 아는 것이다."
"열등감은 우리를 뒤에서 밀고,
우월성 추구는 우리를 앞에서 끌어준다."
– 알프레드 아들러 –

　　자유롭고 행복한 삶을 위한 아들러(Alfried Adler, 1870~1937)의 가르침, 『미움 받을 용기』는 2014년과 2015년 일본에서 많은 사람들의 관심을 받은 아들러의 개인심리학을 철학자와 청년의 대화 형식으로 다룬 책입니다. 이 책에서 "인간은 누구나 바뀔 수 있다"고 주장하며 어느 누구나 세상을 바라보는 관점을 바꾸면 삶이 더욱 편해진다는 아들러의 이야기를 전하고 있습니다.

　　"모든 고민은 인간관계에서 비롯된다. 타인에게 미움 받는 것을
　　　두려워하지 마라. 모든 것은 용기의 문제이다."

　　아들러가 전하고 있는 이야기들을 좀 더 자세히 살펴볼까요?

　　지그문트 프로이트(Sigmund Freud, 1856~1939), 칼 구스타프 융 (Carl Gustav Jung, 1875~1961)과 함께 세계 3대 심리학의 거장인 '알프레드 아들러'는 대부분의 사람들은 어느 정도의 열등감을 느낀다고 생각했습니다. 그는 열등감을 어떻게 극복해 나가느냐에 따라 성격이 달라진다고 주장하였는데, 인간 모두에게 열등감을 극복하고자 하는 열망, 우월성의 추구, 또는 권력의지가 있다고 믿었습니다.

열등감 자체는 원래 모든 인간에게 보다 나은 것을 추구하고자 하는 동기유발의 근거이자 성장하는 계기가 된다고 생각했습니다. 우리가 직업에서의 성공이나 사회적으로 중요한 위치에 올라가는 것 등의 가치 있는 목표를 성취해 나갈 수 있도록 노력하는 것처럼 말입니다.

그러나 병적인 열등감에 빠지면 인간은 성장보다는 자기 파괴적이고 병리적인 성격을 형성하게 된다고 보았습니다. 이는 직업적, 사회적 상위 계층으로 올라가 다른 사람을 지배하고 싶게 만들 수도 있다는 것입니다. 이러한 열등감은 불안의 기원이며 인간에게 부정적인 영향을 미칩니다.

개인이 열등감을 어떻게 극복하고 받아들이는가에 따라 각자의 생활양식(life style)이 달라지고, 이런 생활양식이 각 개인의 성격을 형성하게 된다고 합니다. 즉, 열등감에 대한 반응은 인격 형성의 기초가 되며, 삶에 부적응하는 사람이 적응을 잘 하는 사람이 되기 위해서는 열등감을 스스로 극복하는 과정을 통해 성장하는 것이라고 믿었습니다. 아들러의 생애를 살펴보면 자신의 열등감을 극복하고 의사가 되기까지의 이야기를 엿볼 수 있습니다.

우리는 열등감을 스스로
극복하는 과정을 통해 성장합니다.

알프레드 아들러는 4남 2녀의 자녀를 둔 비엔나 가정에서 자랐습니다. 그는 셋째였고, 아들로서는 둘째로 태어났습니다. 아들러의 어린 시절은 그리 행복하지 않았다고 합니다. 병약했고, 특히 그가 4살 때 폐렴에 걸려 죽을 뻔했는데 그때 의사가 아버지에게 '알프레드는 가망이 없습니다.'라고 말한 것을 들었다고 합니다. 아주 어린 시절 아들러의 바로 옆 침대에서 남동생이 죽었고, 동생의 죽음과 자신이 죽을 뻔한 경험으로 인해 그는 의사가 되기로 결심했다고 합니다. 그는 아버지와는 가까웠지만 어머니와는 그렇지 않다고 느꼈으며, 또한 그의 형을 지나치게 질투했는데 그로 인하여 아동기와 청소년기의 아들러는 형제 사이에 긴장감이 넘쳤으며, 이는 훗날 프로이트와 아들러 사이의 관계에서 다시 반복되었다고 볼 수 있습니다.

아들러의 이러한 유아기 경험은 그의 이론 형성에 영향을 미쳤다고 합니다. 아들러는 자신의 인생을 운명에 맡기기보다는 만들어 나갔으며, 사람들은 아들러를 영리한 아이라고 여겼습니다. 하지만 신체가 허약하게 태어나 공부에 집중하기 힘들었다고 합니다.

초등학교 시절 선생님이 아들러가 공부를 못해 구두 만드는 것 이외에는 추천을 하지 않을 정도였으며, 이는 아들러의 열등감을 부추겨 이를 극복하기 위해 분투했으며, 열심히 노력해 최우수 학생이 되었다고 합니다. 결국 비엔나 대학에서 신경학과 정신의학을 공부했고 안과의로 개업도 했습니다. 초기에는 아동기 난치병에 관심이 많았으나 후에는 대중에게 관심이 많아졌다고 합니다. 아들러는 반유대주의와 제1차 세계대전을 경험하였고, 이는 전후 상황과 문화가 인간 성격에 미치는 영향에 대해 깊은 인식과 관심으로 이어져 그의 이론을 정립하는데 큰 영향을 미쳤다고 합니다.

아들러는 일반 대중들 특히 자녀 양육과 학교교육 등에 관심이 많았습니다. 그는 매우 간단하고 비전문적인 언어를 사용하여 강의를 하거나 글을 썼으며 위험에 처한 아이들, 여성의 권리, 남녀평등, 성인교육, 지역사회정신건강, 가족 상담 그리고 간단한 치료를 옹호하였습니다(Watts, 2012). 아들러는 비엔나 국립 학교 안에 32개의 아동상담소를 만들었고 선생님, 사회복지사, 의사, 그리고 다른 전문가들을 교육했습니다. 많은 청중들 앞에서 부모와 아이들이 함께 직접 시범을 보이는 방법으로 교육하였습니다. 아들러는 굉장히 열정적인 삶을 살았으며, 강의를 앞두고 걸어가는 도중(1937. 3.28, 스코틀랜드 에버딘) 쓰러져 심부전으로 사망하였다고 합니다.

[출처] 「개인심리학」 Alfred Adler 알프레드 아들러의 생애 중에서 발췌

빅터 프랭클

에이브러햄 매슬로

에릭 번

칼 로저스

카렌 호나이

에리히 프롬

데일 카네기

스티븐 코비

루돌프 드라이커스

프로이트와 동시대 사람으로 9년간 비엔나 정신분석학회에서 정신분석을 연구하였으나 두 사람 간의 입장 차이로 자신의 길을 걸어간 아들러는 자신만의 통합된 이론을 발전시킵니다.

아들러는 빅터 프랭클(Viktor Frankl, 1905~1997), 에이브러햄 매슬로(Abraham Maslow, 1908~1970), 에릭 번(Eric Berne, 1910~1970), 칼 로저스(Carl Rogers, 1902~1987), 카렌 호나이(Karen Horney, 1885~1952), 에리히 프롬(Erich Fromm, 1900~1980) 등 다양한 사람들에게 영향을 끼친 것으로 알려졌습니다. 뿐만 아니라 인간관계론을 집필한 데일 카네기(Dale Carnegie, 1888~1955), 성공하는 사람들의 7가지 습관의 저자 스티븐 코비(Stephen Covey, 1932~2012)에 영향을 끼친 심리학자이며, 그가 기틀을 세우고 후계자들이 발전시켜온 학문이 아들러 개인심리학입니다.

아들러의 업적을 대중화하였던 사람은 주로 루돌프 드라이커스(Rudolf Dreikurs, 1897~1972)였습니다. 드라이커스는 아들러 이론의 기본을 다섯 용어로 정리하고 있습니다.

사회적 영향, 사회적 존재
자기결정성과 창조적 존재
목표지향성
주관성
전체성, 총체성

1. 사회적 영향, 사회적 존재

　　인간의 모든 문제는 기본적으로 사회적 문제이며, 집단 내에 소속되고 싶은 욕구에서 발생한다고 합니다. 인간의 행동을 이해하려면 사회적 맥락 속에서 해석해야 하며, 사람들은 '사회적 관심'을 발달시킬 능력을 갖고 태어나고, 사회적 관심이 있기 때문에 타인을 이해하고 공감하며 그들과 협동하고 사회에 기여할 수 있다는 것입니다. 사회적 관심은 훈련을 통해 개발될 수 있고 정신건강의 기준이 된다고 합니다.

　　아들러는 긍정적인 삶의 의미가 사회적 관심 안에 놓여 있다고 믿었습니다. 이는 다른 사람들과의 협동, 복지에 대한 관심, 사회에 대한 헌신, 인간성에 대한 가치 등을 포함합니다.

　　미성숙한 사회적 관심을 가진 사람들은 사람을 이해하지 못하고 경제력, 강인한 신체, 정치적 영향력, 범죄나 괴롭힘을 통해 타인을 착취할 수도 있고 외로운 사람이 되어 삶의 많은 영역에서 타인과 관계를 맺지 않고 살 수도 있습니다. 따라서 사회에 부적응하는 사람들은 잘못된 신념, 열등감, 잘못된 목표를 가지며, 다른 사람이 자신을 어떻게 생각할지에 대해 또는 자신을 향한 의도가 무엇인지에 대해 지나치게 걱정을 하며 살아갑니다.

　　반면, 사회에 잘 적응한 사람들은 사회적 상황의 요구를 지향하고 이에 따라 행동합니다. 아들러는 사회적 관심이 지능보다 위에 있다고 강조합니다. 우리의 삶 속에서 사람들은 자신에게 필요한 기술들을 발달시키고 있지만 중요한 것은 개인의 우수함에 있는 것이 아니라 그 우수함이 얼마나 사회에 유용하게 기여하는가에 있습니다. 인간의 모든 행동에는 상대가 존재하는데, 즉 사회적인 대인관계가 중요하다는 것입니다.

2. 자기결정성과 창조적 존재

　　인간은 자신을 주인공으로 하는 삶을 살며, 모든 선택과 결정에 있어 자신이 하는 자기결정성이 중요하다고 합니다. 인간은 환경이나 과거에 일어난 사건의 희생자가 아니며, 자신의 삶을 창조할 수 있는 힘이 있습니다. 사람들은 자신의 경험에 스스로 의미를 부여하고, 자신의 삶에 부여한 의미에 따라 삶의 태도와 방식을 달리한다고 합니다. 개인이 삶을 바꿀 수 있는 자신의 삶에 대해 적극적인 주체라고 믿는 것은 낙관주의의 기초가 됩니다. 중요한 것은 개인에게 주어진 환경 자체가 아니라 개인이 그 환경을 어떻게 느끼고 어떻게 해석하는가가 중요합니다.

3. 목표지향성

인간의 행동에는 목적이 있다고 합니다. 아들러는 목표, 계획, 이상, 자기결정 등이 인간행동에 있어 아주 실제적인 힘이 된다고 주장합니다. 목표를 지향하는 인간은 자신의 삶을 창조할 수 있고 선택할 수 있으며, 자기가 선택한 목표를 향해 운명을 개척하고 창조해나가는 행위자로 보고 있습니다. 인간은 유전과 환경을 능가하는 창조성이 있기 때문에 무한한 가능성을 갖고 목표를 향해 도전할 수 있다는 것입니다. 행동의 원인을 찾는 것은 알 수도 없고, 알더라도 바뀔 수 없는 비생산적인 것이지만, 목표는 한번 인지하면 수정할 수 있고, 목표달성을 위해 행동을 선택할 수 있다는 관점을 가지고 있습니다. 따라서 과거의 원인이 아닌 미래의 목표를 바라보는 인간의 행동에는 자신만의 생각이 담긴 목적이 존재한다고 합니다.

4. 주관성

　인간은 자신이 착용한 안경을 통해 사물을 관찰합니다. 즉, 자신만의 주관적인 의미를 부여해 사물을 파악한다는 것입니다. 아들러는 우리에게 무슨 일이 일어났는가가 아니라 우리가 그것에 대해 어떻게 느끼고 해석하는지가 중요하다고 믿었습니다.

　친구와 영화나 책에 대해 함께 이야기를 나누다 보면 똑같은 장면을 보고도 다르게 받아들이고 해석하며 자신의 생각들을 나눈 경험들이 있을 것입니다. 어린 시절 불행한 경험을 겪은 사람들 중 어떤 사람은 그 상태에 그대로 머물러 있으며, '인생은 불공평해, 다른 사람들은 늘 행복하고 잘 사는데, 세상이, 나의 불행한 환경이 나를 이렇게 만들었는데, 그래서 지금도 환경이 안 좋은데 어떻게 세상을 더 좋게 살 수 있겠어?'라고 생각하며 과거의 불행을 반복하며 사는 경우도 있고, 반면에 다른 사람은 불행했던 바로 그 경험에 머무르지 않고 그것을 발판으로 불행을 이겨내기 위해 열심히 살아 성공하기도 합니다. '내가 겪었던 불행한 삶을 내 아이에게 다시 경험하게 할 수 없어. 내 아이들에게 행복한 삶을 살게 해 줄 것이야'라고 생각하면서 말입니다. 이 사람들 모두는 각자의 해석에 타당한 이유가 있습니다. 분명한 것은 자신들의 해석을 바꾸지 않는 한 행동은 바뀌지 않는다는 사실입니다.

5. 전체성, 총체성

인간은 몸도 마음도 오직 하나인 전체로 통합되고 개별단위로 분리될 수 없다고 합니다. 아들러는 의식과 무의식, 마음과 육체, 양가 감정과 갈등의 양극성 개념을 부정하고 인간을 목표를 향해 일정한 패턴으로 인생을 사는 역동적이고 통합된 유기체로 보았습니다. 인간의 마음속에는 모순과 대립이 존재하지 않으며, 인간 개개인은 모두 다른 무엇과도 바꿀 수 없는 불가분적인 존재라고 할 수 있습니다. 이를 주장하기 위해 자신의 이론을 '개인심리학(Individual Psychology)'이라 칭하였습니다. 여기서 개인이란 한 사람의 초점을 맞춘다는 뜻이 아니며, 라틴어의 나눌 수 없는(in-divide) 전체성의 의미를 지닌 개인(individium)을 뜻합니다. 따라서 인간을 이해하기 위해서는 인간의 전체를 다루어야 한다고 주장합니다(전체성, 총체성).

이와 같은 아들러 이론을 바탕으로 아들러는 우리 삶에서 만나게 될 다양한 인간관계 및 갈등상황에서 생기는 어려움을 극복하고 성장할 수 있도록 하는 것이 '용기를 갖고 행동하는 것'이라고 합니다. 자신과 타인에게 용기를 부여함으로써 건강한 사람은 더욱 건강하게 만들고, 삶에 지치고 힘들고 우울한 사람에게는 활력을 줄 수 있다고 주장합니다.

또한 가족, 학교, 지역, 직장 등의 공동체 안에서 느끼는 소속감이나 신뢰감, 공감, 공헌 등을 총칭하는 공동체 감각, 즉 사회적으로 유용한 연대감과 유대감 향상을 정신건강의 중요한 척도이자 가치관으로 생각하고 있습니다. 주위 사람들을 경쟁자로 인식하는 대신 협력적인 인간관계를 지향하며, 이러한 공동체적인 감각을 갖춘 사람이 정신적으로 건강하다고 봅니다.

이처럼 인간을 긍정적으로 보면서 인간이 지닌 가능성과 장점을 적극적으로 개발하여 인간의 긍정적인 변화를 돕는 아들러 개인심리학에서의 중요한 개념으로는 '열등감과 보상, 우월성 추구, 사회적 관심, 생활양식, 출생순위, 가상적 목적' 등이 있습니다. 이에 대해 알아볼까요?

열등감과 보상

우월성 추구

사회적 관심

생활양식

출생순위

가상적 목적

전체주의

우월성의 추구

열등감과 보상

가상적 목적

사회적 관심

사용의 심리학

창조적 자아

생활양식

개인심리학

열등감과 보상_inferiority feelings & compensation

열등감은 자기가 남만 못하다는 느낌, 즉 다른 사람에 비해 자신이 뒤떨어졌다거나 자신에게 능력이 없다고 생각하는 만성적인 감정과 생각을 의미합니다.

인간은 신체적 결함뿐 아니라 인생에서 경험하는 모든 불완전감과 부족감에서 열등감이 생깁니다. 열등감은 완전성을 추구하려고 할 때 생기며, 이를 보상하기 위해 더 높은 목표를 향해 노력하게 합니다.

그렇다면, 사회적으로 성공한 사람들도 열등감이 있었을까요?

역사적으로 위대한 사람들도 열등감을 지녔던 사람들이 많았었고, 그 열등감을 극복한 결과 성공할 수 있었습니다.

말을 더듬었던 데모스테네스(Demosthense, B.C.384~322)는 작은 자갈들을 입에 넣고 피나는 연습을 거듭하여 고대 그리스의 위대한 웅변가 중 한 사람이 되었다고 합니다. 어릴 때 허약한 체질이었지만 후에 뛰어난 승마 기수가 되고 사나운 말을 부려내는 조련사들의 모임에 참여하여 보상받았던 루즈벨트 대통령, 학력이 없었던 링컨, 가난했던 록펠러, 저능아란 소리를 들었던 소크라테스, 학교에서 쫓겨났었던 에디슨, 첫 오디션에서 다시 트럭운전이나 하라는 악평을 들었던 엘비스 프레슬리, 첫 방송 오디션에서 혹평을 들었지만 한국 대중 음악계를 완전히 바꿔놓았다는 평가를 듣는 서태지 등을 들 수 있습니다.

이들은 모두 자신에 대한 믿음으로 열등감을 극복하거나
혹은 열등감 자체를 동력 삼아 성공을 향해 노력한 사람들입니다.

아들러는 인간의 모든 문화사도 인간의 불안과 열등감을 극복하고자 노력했던 역사라고 보았습니다. 새처럼 하늘을 날 수 없다는 열등감이 인간을 우주에 갈 수 있게 만들어 주었고, 표범처럼 빨리 달릴 수 없다는 열등감이 인간에게 자동차를 안겨 주었으며, 허약한 신체를 가졌다는 열등감이 인간을 지구의 생물 중 가장 뛰어난 의학을 가진 존재로 만들어 주었다는 것입니다.

인간이 열등감을 극복하려는 노력을 하지 않았다면
어떻게 되었을까요?

인간이 열등감을 느끼고 이를 극복하려는 노력을 하지 않았다면 인간은 하찮은 존재로 살고 있을 것이며 인류의 역사는 이렇게 발전하지 않았을 것입니다. 따라서 인간 발달을 위해 무한한 에너지를 주는 것 또한 열등감이라 볼 수 있습니다. 열등감이 이와 같이 긍정적이고 생산적으로 인식될 수 있는 것은 열등감과 단짝 친구처럼 붙어 다니는 보상받고자 하는 원리 때문입니다.

열등감을 특별한 사람에게만 생기는 성향으로 이해해서는 안 됩니다. 열등감은 성장과정에서 타인과 나를 비교하며 자연스럽게 만들어집니다. 열등감은 자신의 콤플렉스와 관련되어 있습니다. 콤플렉스는 성장 과정에서 누구에게나 하나둘씩 생기기 마련입니다.

모든 사람들은 열등감을 가지고 있을까요?

대부분의 사람들은 모두 저마다의 열등감을 품고 있습니다. 다만 정도에 따른 차이가 있을 뿐입니다. 열등감은 양날의 도끼와 같아 어떤 사람은 이를 자기성장과 성공의 원동력으로 삼는가 하면, 또 다른 누군가는 열등감에 지배당해 평생을 열등감의 노예로 지내며 사회와 단절되는 삶을 살기도 합니다. 열등감은 개인이 잘 적응하지 못하거나 해결할 수 없는 문제에 직면했을 때 생기는 것으로써, 동기유발의 근거가 되기도 하고 연습이나 훈련을 통해서 보상받으려고 노력을 시도하는 데 영향을 미치기도 합니다.

자신의 열등감이 있다면 무엇입니까?
이를 보상하기 위해 어떤 노력을 해보셨나요?
혹시 주변에 열등감을 극복하고
성공적인 삶을 살고 있는 사람이 있나요?

우월성의 추구_striving for superiority

사람들은 열등감에 대한 보상을 위해 많은 시도를 하게 됩니다. 열등감을 보상할 수 없을 때, 즉 삶의 문제들을 해결할 수 있는 힘이 없을 때, 열등감을 형성하게 됩니다. 반대로 '우월감'은 열등한 느낌을 지나치게 보상하려 한 결과로 자신의 능력, 업적에 대한 과장된 의견을 갖게 되는 것을 말합니다.

우월감은 무엇일까요?
우월성의 추구는 무엇일까요?

인간은 자신의 열등감을 보상하는 방향으로 행동하며, 이러한 보상의 궁극적 목적은 '우월성의 추구'라고 합니다. 우월성 추구는 자기완성 추구 또는 성공추구라는 의미입니다.

우월성의 추구는 인간이 어떤 문제에 직면했을 때 자신에게 부족한 것은 보충하고, 낮은 것은 높이고, 미완성된 것은 완성시키고, 무능한 것은 유능하게 만드는 경향의 삶의 기초라고 아들러는 이야기하고 있습니다.

인간은 자신의 약점 때문에 생기는 긴장과 불안정감, 남보다 열등하고 하위수준에 있다는 사실을 참기 힘들어 합니다. 그래서 열등감을 극복하고 보상하여 우월해지고 위로 올라가고자 하는 목표를 달성하기 위해 노력합니다.

인간의 우월 추구를 향한 보상은 긍정적 또는 부정적인 경향을 취할 수 있습니다. 이는 여러분이 어렸을 때 얼마나 깊은 불안감과 열등감을 느꼈는가와 삶의 문제를 극복하는데 주변 인물이 어떠한 모델이 되어 주었는가에 따라 각기 다른 보상 형태가 이루어진다고 합니다.

어린 시절 열등감 때문에 억압받지 않고 삶의 유용한 측면에서 성공가능성을 찾고, 권력을 획득하려는 소망이 성숙과 발전을 위한 노력으로 실현될 수 있도록 교육받았다면 앞으로의 삶을 살아가는 동안 자신의 열등감을 극복하기 위해 계속해서 노력하게 된다고 합니다. 그러나 잘못된 교육 상황이나 부적절한 환경으로 인해 열등감을 지나치게 억압당하면 "미래의 삶이 실패하지 않을까?" 하는 불안 속에서 단순한 보상으로 만족하지 않고, 더 높고 멀리 있는 곳에서의 보상을 획득하려고 합니다. 이러한 상황에서 아동은 비현실적이 되고, 심리적 병리 영역인 발달 장애 및 열등콤플렉스로 발달하게 된다는 것입니다.

열등콤플렉스와 우월콤플렉스에 대해 들어 본 적이 있나요?

아들러는 열등콤플렉스에 걸린 사람이 절대적인 안전과 우월성을 획득하기 위해 노력하며, 자신이 다른 사람보다 훌륭하다거나 높은 곳에 있다고 생각하는 거짓 신념을 구체화 시키는 것을 관찰하고, 이런 현상을 우월콤플렉스라고 명명하였습니다. 우월콤플렉스는 정상적인 우월성 추구와는 다른 강한 열등감을 극복하거나 감추려는 위장술이나 속임수라고 볼 수 있습니다.

예를 들어, 공부나 운동에 탁월한 재능을 보이는 학생이 느끼는 우월감은 당연하고 적절한 것입니다. 그러나 자신의 능력을 실제 이상으로 과대평가하고 항상 우월해야 한다고 생각한다면 현실적 자기와 이상적 자기를 혼동하는 것으로 열등감을 보상하려는 과장된 노력을 하게 되는데 이러한 측면을 우월콤플렉스라고 합니다. 우월콤플렉스는 마치 열등감을 느끼지 않는 것처럼 행동하려는 과장된 시도로서 현실적인 적응을 악화시키게 되고 필요한 능력을 습득하는 기회를 잃게 하는 부정적인 영향을 미치게 됩니다. 즉, 앞서 이야기한 우월감을 의미합니다.

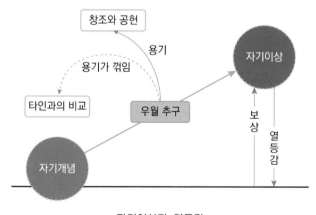

자기이상과 열등감

이러한 왜곡된 보상노력은 열등감을 더욱 강화시키는 악순환을 되풀이 한다고 합니다. 병적인 열등감에 빠지면 개인은 성장보다는 자기 파괴적이고 병리적인 성격을 형성하게 됩니다. 이렇게 병적인 열등감에 빠지게 만드는 원인은 아동기에 어른들이 아이들을 다루는 방식에 의해 신체기관 열등감, 과잉보호 하에 버릇없이 응석받이로 성장하는 것, 무관심과 거부로 인한 방임의 경험, 부모의 지나친 기대 등을 들 수 있습니다.

흠집 날까 조심 조심...
이 가방 하나가 내 한 달 월급 +50...

사회적 관심_social interest

　사회적 관심은 공감, 타인과의 동일시, 타인지향을 의미합니다. 사회적 관심의 동의어로는 지역사회에 대한 감정, 우정, 동료애, 이웃사랑, 이타적 마음 등으로 다양하게 표현될 수 있습니다. 즉, 다른 사람의 눈으로 보고, 다른 사람의 귀로 듣고, 다른 사람의 마음으로 느끼는 것을 의미합니다.

　인간은 집단에 소속되어 사회적 문제해결을 추구하는 사회적 존재이며, 사회적 관심이 정신건강에 중요한 영향을 미친다고 합니다. 사회적 관심을 가진 사람은 정신적으로 건강하고 행복하며 사회에 기여하는 사람입니다. 반면, 사회적 관심이 결여된 사람은 부적응한 사람으로 단지 자신의 욕구에만 관심을 가지고 사회적 상황에서 타인 욕구의 중요성을 인식하지 못하고 실패한 삶을 살아간다고 합니다.

　　성공적인 삶과 건강한 성격의 기준은 무엇일까요?

성공적인 삶과 건강한 성격의 기준은 개인이 자신의 삶과 생활과제, 즉 인생과제에 접근하는 방식이 얼마나 사회적 관심을 포함하고 있는지의 여부입니다. 아들러가 이러한 개념을 기술하기 위해 사용한 용어가 공동체감 또는 공동체 의식으로, 개인의 내면적 인식체계가 사회적인 환경적 요구에 맞추어 조화를 이루도록 조절하는 심리적 태도를 의미합니다. 함께 힘을 모아 시너지효과를 내는 것처럼 협력하면 힘든 일도 힘이 덜 듭니다. 예를 들어, 기러기는 날아갈 때 한 줄 혹은 V자형으로 무리를 지어 날아갑니다. 혼자 날아 갈 때보다 무리를 지어 날아가면 서로 바람을 일으켜 날개를 올려주는 역할을 하여 71%의 힘이 덜 든다고 합니다. 문제는 이 사회가 점점 협력이 깨지고 개인화되어 가고 있다는 것입니다.

사회적 존재가치가 상실되면
사람들은 부적응 행동에 빠지게 됩니다.
사회적 존재가치를 가지려면
자신이 타인에게 관심을 가지고 이타적 행동을 할 수 있어야 합니다.

이타적 관심을 아들러는 사회적 관심이라고 하였으며, 사회적 관심은 두 차원으로 나누어 이해할 수 있습니다. 하나는 타인이나 사회적 환경과 조화를 이루기 위해 타협하고 협동하려는 노력과, 다른 하나는 사회적 이익과 발전을 위해 자신을 희생하며 기여하려는 노력을 의미합니다. 이러한 사회적 관심은 특히 다른 사람을 배려하기 어려운 상황에서 협동하고 헌신하려는 의지와 행동을 통해 평가될 수 있습니다.

사회적 관심은 개인의 행복 및 성공과 밀접한 관련이 있으며, 가르치고 배우고 실천하면서 발달합니다. 사회적 관심이 발달하면 열등감과 소외감이 줄어들어 자기완성을 더 잘 이룰 수 있습니다. 개인의 행복과 성공은 사회와 관련이 있기 때문에 자신의 욕구에만 관심이 있으면 행복하게 살거나 성공하는 것이 어렵습니다.

개인적 우월성 추구는 사회적 관심을 파괴하지 않는 범위 내에서 이루어져야 합니다. 누구나 자유의지를 통해 선택을 하며 자기완성을 향해 노력하지만 그것은 어디까지나 긍정적, 사회적 맥락 속에 이루어져야 하고, 사회 속에서 삶의 의미, 성공 완전성을 추구해야 진정한 가치가 있습니다. 부적응하는 사람, 즉 열등감에 사로 잡혀 있는 사람은 이 사회적 관심 발달에 실패한 사람입니다.

생활양식_life style

생활양식이란 삶의 목표를 향해 나아가는 개인의 독특한 방식을 말합니다. 우리는 생활양식에 따라 생각하고, 느끼고, 행동합니다. "나는 ~이다, 세상은 ~다, 그렇기 때문에 나는 ~다."라고 표현할 수 있는 것은 자신의 생활양식에 의한 것입니다. 예를 들면, "나는 남들에게 호감을 주지 못한다. 세상은 나를 거부하는 사람들로 가득하다. 그렇기 때문에 내 자신이 상처받지 않도록 나를 지켜야한다."라고 생각하는 것입니다. 아들러는 인생목표, 자아개념, 성격, 문제에 대처하는 방법, 행동, 습관, 가치 등의 독특한 삶의 양식을 생활양식(life style)이라고 지칭했습니다.

생활양식은 어떻게 발달할까요?

생활양식이 어떻게 발달하는지 이해하기 위해서는 앞서 제시했던 열등감과 보상에 대한 개념을 알아야 하는데, 이유는 이 개념들이 생활양식의 근본을 결정하기 때문입니다. 우리가 어릴 때 실제로든 상상이든 열등감을 경험하고, 이것이 어떤 방법으로라도 우리로 하여금 보상을 하게 만든다고 합니다. 예를 들어, 아들러 생애에서 살펴본 것처럼 신체적으로 허약하거나 병약하고 무기력에서 비롯된 열등감을 보다 훌륭한 방법으로 발달시켜 공부를 열심히 해서 의사가 되는 방향으로 보상하려고 노력하는 것 등을 의미합니다. 우리의 생활양식은 이러한 열등감을 극복하기 위한 노력으로 나타납니다.

생활양식의 행동들은 열등감을 보상하기 위해 어린 시절 가족과의 상호작용을 통해 배우고 발달된 것이며, 궁극적으로 개인의 창조물로서 환경에 대한 개인의 독특한 해석을 의미합니다.

즉, 생활양식은 유전으로 물려받은 능력과 환경으로부터의 경험을 통해서 우리 자신을 창조할 수 있는 능력을 말합니다.

창조적 능력이란 개인의 인생 목표와 그 목표를 추구하는 방법을 결정하며 사회적 관심을 발달시킵니다. 이는 주어진 환경보다 자신이 그 환경을 어떻게 느끼고 해석하느냐가 중요함을 뜻합니다. 자신의 경험에 스스로 의미를 부여하고 삶에 부여한 의미에 따라 삶의 태도와 방식은 달라집니다.

예를 들어, '가난한 집에서 태어난 아이가 자라면서 금으로 만든 숟가락을 입에 물고 태어난 아이들을 부러워하며, 자신은 동으로 만든 숟가락을 물고 태어나서 아무리 노력해도 중산층의 삶을 살기 힘들다고 생각하며, 이 모든 것이 부모 탓이라고 생각하고, 허송세월을 보낸 사람과, 가정형편이 어려운 집에서 태어났지만 자신이 노력해서 부모님 호강도 시켜드리고, 자기 자식들에게 금 숟가락을 물려주겠다고 다짐하며 삶을 구체적으로 계획해서 열심히 노력한 삶을 사는 사람들의 예후'는 달라진다는 것입니다. 즉, 어떤 상황이나 경험이든지 개인이 주관적으로 어떻게 인식하고 의미를 부여하며 대응하느냐에 따라 그 결과는 달라진다는 것을 의미합니다.

생활양식 유형은 어떻게 나눌 수 있을까요?

지배적인 유형

의존하는 유형

회피하는 유형

사회적인 유형

아들러에 의하면 우리 삶에 있어서 가장 중요한 일, 사랑, 우정 문제를 다루는 기본적인 생활양식은 다음과 같은 세 가지 유형으로 나뉜다고 합니다. 사회적 관심이나 다른 사람에 대한 배려가 없거나 오히려 다른 사람들을 공격하려는 지배적인 유형, 기생충 같이 다른 사람에게 의존하여 다른 사람들에게 모든 것을 받기를 기대하는 유형, 그리고 삶의 문제를 회피하는 유형입니다. 이 세 유형의 사람들은 모두 삶의 일상적인 문제들에 제대로 대처하지 못합니다. 반면 사회적으로 유용한 사람들은 다른 사람들과 함께 삶의 문제들에 대처하려 합니다. 사회적 관심을 어떻게 실현하느냐 하는 것은 어린아이의 초기 사회경험 특히, 엄마와의 경험에 의해 형성된다고 합니다. 따라서 엄마는 아이들에게 협동심, 우정, 용기를 가르침으로써 아이가 사회에 유용한 인간이 될 수 있도록 지지하고 격려하며 민주주의 방식으로 자녀를 양육하는 것이 중요하다고 합니다.

자신이 생각하는 생활양식은 어디에 해당하나요?

유형	활동 수준	사회적 관심	특징
지배형	높음	낮음	• 독선적이고 공격적이며, 활동적이지만 사회적 관심이 거의 없음 • 외부세계에 대해 지배하려는 태도를 가지고 있으며, 인생과업에 공격적이고 반사회적인 방법으로 대처 • 사람들에게 상처를 주기 위해 타인이나 자신을 공격할 수 있음 • 활동적일수록 더 직접적으로 공격적이며, 상처를 주거나 착취를 통해 자신의 우월성을 성취 • 독재적 양육방식
의존형	중간	낮음	• 의존적인 방법으로 외부세계와 관계를 맺으며, 다른 사람에게 의존하여 자신의 욕구를 충족 • 활동수준이 중간이므로 그렇게 위험하지는 않음 • 타인에게 모든 것을 기대하지만 아무것도 되돌려주지 않음 • 대인관계가 수동적이고 다른 사람들이 자신을 돕도록 설득하려 할 것임 • 타인과 협동할 수 있는 어떤 능력도 가지고 있지 못함 • 과잉보호적 양육방식
회피형	낮음	낮음	• 성공하고 싶은 욕구보다 실패에 대한 두려움이 더 강하기 때문에 도피하려는 행동을 자주 함 • 이들의 목표는 인생의 모든 문제를 회피함으로써 한치의 실패가능성도 모면하려는 것 • 사회적 관심이 결핍되어 있음 • 자기확신이 없어 자신과 타인 사이에 분열을 만들어 냄 • 현실세계로부터 자신을 전적으로 후퇴시킬 수 있는 사람 • 억압적 양육방식
사회적 유용형	높음	높음	• 사회적 관심이 커 자신과 타인의 욕구를 동시에 충족시키며 인생과업을 완수하기 위해 다른 사람과 협력 • 심리적으로 건강한 사람의 표본이 됨 • 이들의 활동은 타인에게 도움이 되는 것으로 인류의 이익을 위해 협동하고자 함 • 민주적 양육방식

출처: 노안영, 2005; 이현림, 2008; Hjelle & Ziegler, 1976 재구성.

가족 내 위치와 출생순위_family constellation & birth order

　한 가정의 형제들은 태어날 때 이미 경쟁 대상이 있는지 없는지에 따라 부모의 사랑과 관심을 차지하거나 자신의 위치와 세력을 확실히 하기 위해 경쟁을 하게 됩니다. 형제 간의 경쟁관계에서 실패와 성공, 기대와 실망, 가능성과 장해들의 경험이 생활양식을 만들어가는 데 영향을 미친다고 합니다. 아동기에 형제 간의 경쟁결과로 생긴 성격이 성인이 되어서도 대인관계에 영향을 주는 자신만의 독특한 성격을 형성하게 된다고 합니다. 따라서 개인의 가족 내 위치가 삶을 통해 어떻게 성격형성에 영향을 미치는가를 살피는 것은 성격을 이해하는 데 도움이 됩니다.

　성격형성에 중요한 영향을 주는 요소로 개인이 열등감을 극복해온 방식, 부모의 양육태도, 출생순위, 성, 여성의 사회적 지위 및 성역할, 강한 남자 증후군 등으로 표현되는 각 개인의 사회적 위치를 들 수 있습니다.

　출생순위는 생활양식을 만들어내는 어린 시절에 매우 큰 영향을 끼치는 사회적 환경입니다. 다만, 출생순위도 중요하지만 형제와의 상호관계, 장애의 유무, 부모의 기대 등의 영향을 받아 본인 스스로 자신의 위치를 정하는 심리적 위치 또한 중요하다고 봅니다. 막

내로 태어났는데 첫째의 역할을 한다고 생각하는 것처럼 몇 번째 아이로 태어났느냐도 중요하지만 태어나서 몇 번째 아이의 역할을 하면서 살고 있는가 하는 심리적 위치도 매우 중요하다고 생각합니다.

아들러가 제시한 출생순위에 따라 전형적으로 나타난 성격차이를 살펴보면 다음과 같지만 모든 상황에 딱 맞아 떨어지는 것은 아닙니다.

첫째아이는 남들과 좋은 관계를 맺으며, 기대에 쉽게 순응하고, 사회적 책임을 잘 감당하기도 합니다. 그러나 부모의 사랑이 동생에게 향하는 상실경험으로 인해 자신감 상실, 언제나 일이 나빠질 것을 두려워하거나, 적대적, 비관적, 보수적, 규칙을 중시하는 성향을 나타내기도 합니다. 동생을 돕거나 지키려고 하고, 주위의 기대에 부응하거나 기쁨을 주려고 노력합니다. 자신의 지위를 위협하는 존재가 있으면 심하게 질투를 하기도 합니다.

둘째아이는 경쟁심이 강하고 야망이 있으며 형보다 우월하다는 것을 증명하기 위해 애를 씁니다. 첫째아이가 '착한 아이'라면 일부러 '나쁜 아이'인 척하고 반대로 첫째가 '나쁜 아이'라면 '착한 아이'인 척을 하기도 합니다. 항상 자신보다 유리한 형제가 경쟁자로 존재합니다. 부모나 주위 사람에게 주목을 받지 못합니다. 첫째가 성공하면 자신의 능력에 불안함을 느낍니다. 동생이 태어나면 압박감을 느낍니다.

중간아이는 손위아래 형제들 사이에서 자라다 보니 협상 기술이 있어서 갈등이 발생할 경우 조정을 잘합니다. 이러한 기술을 잘 활용하여 상황을 조정하거나 성공 가능한 분야를 선택합니다. 야심적이고 공동체 지향적이며 적응력이 뛰어나 형제 사이에 끼어 협공을 받을 때가 있으며, 가족 안에 자신이 있을 곳이 없다고 느낍니다. 부정적인 결과로 반항적이며 질투가 심하고 항상 이기려 하고 추종자가 되기를 거부하기도 합니다.

막내아이는 따라야 할 모델이 많고 여러 사람에게서 많은 애정을 받고 애정을 나누기는 해도 쉽사리 대우 받는 지위에서 밀려나지는 않습니다. 때로는 지나친 애정을 받기도 하며, 약자로서 열등감에 사로잡히거나 버릇이 없고 의존적인 경우가 되기 쉽습니다. 긍정적 결과로 항상 많은 자극과 경쟁 속에 성장하게 되고 형제를 앞지르고자 하는 욕구가 강하다면, 부정적인 결과로 누구에게나 열등의식을 가질 수 있고 과잉보호로 인한 부적응을 보일 가능성이 있으며 성취욕구가 강합니다. 자신이 가장 약하다고 느끼지만 심각하게 받아들이지 않기도 합니다. 타인으로부터 대접을 받고, 자신의 방식대로 해서 가족의 보스가 되기도 합니다. 외동처럼 행동할 때가 있으며 누구든 자신보다는 능력이 있다고 느낍니다.

외동이는 어른들 틈에서 크기 때문에 빨리 어른다워지지만 초등학교에 가면 더 이상 자기가 집에서처럼 사람들 관심의 중심에 있지 않다는 것을 깨닫게 되는 충격을 받게 됩니다. 어리광이 심하고, 외로움을 잘 타며, 주목받는 위치에 있어서 그 위치에 맛을 들여, 자신이 특별하다고 느낍니다. 이상이 높고, 연하나 연장자와 잘 지내며, 책임감이 강하며, 첫째처럼 노력하는 유형과 막내처럼 의존적인 유형 중 어느 한쪽으로 갈리는 편이기도 합니다. 의존성과 자기중심성이 있습니다.

당신의 형제의 서열은 성격에 어떤 영향을 미쳤을까요?
어린 시절의 당신은 가정에서 어떤 존재였을까요?
부모의 관심을 얻기 위해 경쟁했던 형제나 자매는 누구였나요?
당신의 성장 경험이 성격에 어떤 영향을 미치고 있나요?

가상적 목적_fictional finalism

인간이 추구하는 궁극적 목적은 현실에서 검증되지 않은 가상의 목표로서, 실현 불가능할지도 모르나 행동의 원인, 충동, 본능, 힘 등을 넘어서 현재의 행동에 영향을 미치는 미래에 대한 이상을 의미합니다. 즉, 개인의 행동을 이끄는 마음속의 중심 목표를 가상적 목표라고 합니다.

인간의 궁극적 목표는 우월성, 완벽성, 혹은 성격을 완성시키고자 하는 것입니다. 완벽을 위한 추구는 인간이 본래 가지고 태어나는 것으로 미래지향적입니다. "가까운 미래 20년, 30년 후에 어떤 삶을 살고 싶으신가요?"라는 질문에 만약 "신체적, 정신적으로 건강하고, 삶의 여유를 갖고 행복하게 살고 싶어요."라고 대답을 했다면 건강, 행복, 삶의 여유는 눈에 보이지 않는 어떤 것인 것처럼 인간의 궁극적 목적은 허구로서 그것이 실현 불가능할지도 모르나 현재 행동의 원인 내지는 동기를 부여하는 힘으로 작용한다고 합니다. 즉, 건강하기 위해, 행복하기 위해, 삶의 여유를 갖기 위해 현재의 삶을 미래에 원하는 삶을 살기 위한 구체적인 계획을 세워 노력하는 삶을 사는 것이 건강한 삶이라고 합니다.

당신은 어떤 삶을 살고 싶습니까?

실천하기

우리는 열등감을 극복하고 성장하려면 어떻게 해야 할까요?

열등감을 극복하기 위해서는 자기 모습을 파악하고, 자기 스스로를 격려하고 지지하며, 올바른 생활양식 선택과 불완전한 생각에 도전하고, 현실적인 목표설정을 하고 행동하기, 사회적 관심을 일으키는 활동에 참여하는 용기가 필요하다고 합니다. 무엇보다 중요한 것은 자신에 대한 긍정적인 생각을 회복하는 과정이 필요합니다.

첫째, 자신의 부정적인 생각이 무엇인지 자기 모습을 탐색하고 편견을 인식하세요. 우선 부정적인 편견이나 감정이 어디에서 비롯되었는지, 자신이 어렸을 때부터 주변인으로부터 형성된 편견이 무엇인가 깨닫고 인식하는 것이 중요합니다. 부정적인 감정과 생각 때문에 얼마나 힘든지, 그것이 자신의 삶과 행동에 어떤 영향을 주었는지, 열등감을 부정하거나 무작정 이기려 하지 말고, 내 안의 열등감의 원인을 찾아 직면하는 것이 중요합니다.

둘째, 자기 모습을 인정하고 받아들이고 실수를 두려워하지 마세요. 탐색했던 부족한 자기 모습을 있는 그대로 인정하고 받아들여야 합니다. 인간은 완전하지 못합니다. 누구나 잘하는 것과 부족한 것은 함께 가지고 있습니다. 완벽해지려고 애쓰는 대신, 부족함이 있는 자신을 인정하고 사랑하는 것이 필요합니다. 실수나 실패에 신경을 쓰다 보면 더 많은 실수를 유발합니다. 하지만 '누구나 실수를 할 수 있다. 어느 누구도 나에게 완벽하라고 이야기 할 순 없다!'라고 다짐하고 생각하며 스스로 실수를 받아들이고 낙담하지 않는다면 실수를 통해 배움의 기회를 얻을 수 있습니다.

셋째, 긍정적인 자아존중감을 높이세요. 긍정적인 자아존중감은 "나는 괜찮은 사람이다"라는 자기 자신에 대한 감정입니다. 외형적인 아름다움과 멋짐이 아닌 자신의 부정적인 자존감에 대한 근본적인 내면의 변화가 중요합니다. 열등감 극복에 있어 가장 현명한 지름길은 자신을 있는 그대로 받아들이는 것입니다. 지금 이대로도 잘하고 있다는 '자기 격려', 이만큼도 잘했다는 '자기 칭찬', 못나고 약한 자신을 토닥일 줄 아는 '자기애'야말로 열등감을 극복하는 방법입니다.

넷째, 열등감 극복을 위한 활동을 즐겁게 하세요. 성공과 실패, 명예에 과도하게 집착하여 삶의 기쁨을 방해하지 않는 것이 매우 중요합니다. 최선을 다하고 결과에 승복하는 것을 배우면 삶의 만족이 증가합니다. 비교는 멈추세요! 자신을 믿으세요! 우리 사회는 지나친 경쟁주의로 비교하며 불행의 늪에 빠져 살고 있습니다. 사람은 저마다의 아름다움과 가치가 있는 것입니다. 단점이 없는 사람이 없듯 장점이 없는 사람도 없습니다. 비교하며 자신감을 갉아 먹는 불행의 늪에서 벗어나 자기만의 삶의 가치와 자신의 장점에 주목해 보시기 바랍니다. 최선을 다해 자신의 장점을 찾고 자신을 긍정적인 사람으로 변화시키는 활동에서 기쁨을 즐기시기 바랍니다.

다섯째, 자신의 불완전함을 극복하기 위한 용기를 가지세요. 완벽해야 한다는 생각을 하고 있다면 자기 자신을 좀 더 응원해주고 자신의 장점 및 단점을 잘 평가해서 좀 더 현실적인 기대로 조정하는 것이 중요합니다. 진짜 원하는 것이 무엇인지 고민하고 분명한 목표를 정해서 충실하게 노력하세요. 자신의 부족함을 감추지 말고 말하는 용기가 필요합니다. 자신이 없는 모습을 감추다 보면 더욱 불안해지고 자기에 대한 부정적 인식이 고착되게 됩니다. 혼자만 자기에 대해 자신 없는 마음을 가진 것이 아닙니다. 감추는 것 대신에 차라리 솔직하게 말하고 이해를 구하는 편이 좋습니다. 말하고 나면 시원하고 더 이상 감추지 않게 되어 자유로워집니다. 중요한 것은 자꾸 말하면서 노출하다 보면 시간이 지나면서 익숙해지고 면역력이 생긴다는 점입니다. 이해받고 공감 받을 수도 있습니다. 가까운 사람들에게 먼저 시도해 보세요. 지나치지 말고 진지한 분위기와 상황에 따라 노출해야 합니다.

열등감을 극복한 데모스테네스(Demosthenes) 이야기

고대 그리스의 웅변가이자 수학자인 데모스테네스, 그의 말을 들으면 영혼을 빼앗긴다는 최고의 웅변가가 어떻게 열등감을 극복했는지 살펴봅시다.

데모스테네스는 어릴 때 심각할 만큼 말을 더듬었다고 합니다. 정확하게 발음을 하지도 못했고, 폐가 약해 긴 음절이나 문장은 한번에 말하기 어려워 말하는 중간 중간에 숨을 쉬지 않으면 안될 정도였답니다. 수공업을 하는 부유한 집안에서 태어났으나 일곱 살때 고아가 되었고, 부모의 유산도 후견인이 가로채버려 어렵게 지냈습니다. 그래서 성인이 된 후에 유산을 횡령한 후견인들을 상대로 재판하기 위해 당대에 유명한 웅변가 이사이오스에게 수사법을 배웠습니다. 그 결과 재판에 승소하게 되었고, 이것이 계기가 되어 변론술의 교수로 입신출세하여 아테네를 좌지우지하는 정치가로 발돋움하게 됩니다.

말더듬이었던 데모스테네스가 대웅변가가 되기 위해 어떤 노력을 하였을까요?

발음을 정확하게 하기 위해 입속에 작은 돌멩이를 넣고 발음 연습을 했고, 호흡량을 늘이기 위해 가파른 언덕을 쉴새없이 뛰어오르며 발성연습을 했으며, 몸짓을 연구하기 위해 거울 앞에서 끊임없이 연습했고, 어깨를 추켜올리는 나쁜 습관을 고치기 위해 예리한 칼날에 올라서서 연습하기까지 했답니다. 또한 이론 무장을 위해 지하실을 서재로 만들어 한 달 남짓 두문불출하여 독서와 연구에 몰두하기도 했는데, 그때 밖으로 나가고 싶은 충동을 물리치기 위해 머리와 수염을 반쪽씩 깎기도 했습니다. 연설문을 멋지게 쓰기 위해 역사가 '세지데이즈'의 저서를 여덟 번이나 베껴 쓰는 노력을 해서 유명한 웅변가가 되었다고 합니다.

열등감이 없는 사람은 없습니다. 문제는 열등감이 아니라, 열등감을 극복하지 못하는 것입니다.

열등감을 이기는 5가지 실천법

• 열등감을 유발하는 콤플렉스를 바로 보라.

열등감을 부정하거나 무작정 이기려 하지 말고, 내 안의 열등감의 원인을 찾아서 먼저 마주해 보세요. 그리고 나를 처음 상처 입힌 말과 생각들이 정당하고 옳았는지를 객관적인 눈으로 바라보세요. 혹시 당신이 이미 오래 전에 이겨내고 고쳐낸 단점들 혹은 처음부터 존재하지 않았던 단점에 지금까지 목메어 있었던 것은 아닐까? 거대해 보이는 열등감의 핵은 의외로 작고 사소하고, 당신 자신은 당신이 생각하는 것보다 강합니다. 당신의 열등감은 당신이 이겨낼 수 있는 것입니다.

• 분명한 목표를 세우고 전진하라. 성공한 내 모습을 그리며…

과거 혹은 현재의 상처가 열등감을 만들었다면 성공적인 미래와, 충실한 현재의 삶으로 그것을 이겨낼 수 있습니다. 진짜 원하는 것이 무엇인지 고민하고 분명한 목표를 정해서 충실하게 노력하세요. 노력은 자부심을 만들어냅니다. 스스로의 삶과 일상에 자신감과 자부심이 생기면, 열등감이 끼어들 자리는 없어집니다.

• 나의 긍정적인 부분을 찾아 칭찬하라.

열등감 때문에 자신이 작고 하찮아 보인다면, 지금부터 매일 거울 앞에서 나와 내 주변의 장점을 하나씩 찾아 칭찬해보세요. 작고 사소해도 좋고 타인이 알아주지 않는 부분이라도 좋습니다. 지나가던 할머니를 도와주었거나 길가는 고양이에게 먹이를 준 것, 도로에 떨어진 쓰레기를 줍고 누군가의 핸드폰을 찾아준 작고 사소한 선행, 작지만 모양 좋은 코, 남들보다 예쁜 발가락, 얼마 전 인터넷 쇼핑몰에서 예쁜 머그컵을 찾아낸 센스 등 소소한 장점을 찾아 칭찬해보세요. 칭찬이 쌓이다 보면 어느새 당신이 스스로를 바라보는 시선이 긍정적으로 변해 있을 것입니다.

• '완벽한 나' 대신 '있는 그대로의 나'를 추구하라.

열등감의 반발작용으로 완벽해지려고 노력하는 경우가 많습니다. 어쩌다가 완벽이라는 고지에 도달해도 열등감이 심한 사람은 자신을 높이 평가하는 대신 '운이 좋았어'라는 식으로 자신의 노력을 깎아내립니다.

'완벽한 나'라는 목표는 허상(虛像)입니다. 존재하지 않는 허깨비를 좇아 끝없는 달리기를 해야 하는 것입니다. 달리기를 하는 동안에는 스스로에게 만족감을 느낄 수도 없고, 타인에게 좋은 평가를 받아도 부족하게만 느껴집니다. 완벽한 나에 다가가려는 노력 대신에 있는 그대로의 나, 솔직한 나를 받아들이기 위해 노력하십시오. 훨씬 삶이 만족스러워질 것입니다.

• 주변에 베풀고 봉사하라.
타인을 위해 봉사하고 선행을 베풀었을 때 느끼는 행복감은 만족스러운 쇼핑을 했을 때의 행복감을 웃돕니다. 베푸는 삶은 자신의 삶을 보다 가치 있게 만드는 행위며, 자신이 타인에게 도움이 되는 존재라는 것을 인식시켜 자존감을 높여 줄 수 있습니다. 당신의 힘으로 타인을 돕고 당신 스스로를 자랑스럽게 느껴보도록 합시다.

출처: '열등감을 이기는 5가지 실천법' 중에서, 〈네이버 지식백과〉

05

성을 올바로 이해하려면

성(sex)이란 무엇일까요?

성과 쾌락은 어떤 관계가 있습니까?

여성다움과 남성다움은 어떻게 규정될까요?

특정 성(sex)에 부합되는 젠더의 특질이 정말 있을까요?

성과 관련된 사회문제는 무엇입니까?

Keyword

성, 젠더, 섹슈얼리티, 쾌락, 욕망, 동성애, 트랜스젠더,
퀴어, 에로티시즘, 성희롱, 성추행, 성폭력, 미투운동

05_성을 올바로 이해하려면

구글 엔그램 뷰어(nGramViewer)에서 사랑과 관련된 네 개의 키워드 트렌드 분석을 해 본 결과입니다. 1800년부터 2008년까지 사랑(love)이 압도적 우위를 점하고 있습니다. 물론 19세기보다 21세기에 완만한 하강세를 엿볼 수 있습니다.

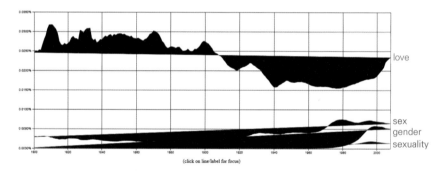

사랑(love), 성(sex), 젠더(gender), 섹슈얼리티(sexuality)

성(sex)은 젠더(gender)와 섹슈얼리티(sexuality)보다 더 널리 사용되고 있으며, 20세기에 급부상되었음을 알 수 있습니다. 이에 비하면 젠더(gender)와 섹슈얼리티(sexuality)는 개념의 활용 역사가 비교적 짧습니다. 머지않아 젠더 담론이 성(sex) 담론을 앞지를 것인지, 또 섹슈얼리티(sexuality) 담론이 얼마나 더 수면 위로 부상할 것인지는 좀 더 지켜볼 일입니다.

성찰하기

　우리는 성(sex), 젠더(gender), 섹슈얼리티(sexuality) 담론을 올바로 알아야 합니다. 왜냐하면, 오늘날 우리는 성 문제의 홍수 시대에 살고 있습니다. 성에 대해서 올바르게 알지 못하면 우리는 건전한 사회를 이루거나 진정한 사랑을 할 수 없기 때문입니다.

생물학적 성(sex)
사회문화적으로 형성된 젠더(gender)
성을 둘러싼 온갖 종류의 섹슈얼리티(sexuality)

성_sex

성(性)하면 우선 떠오르는 단어가 섹스(sex)입니다. 섹스는 암수, 자웅, 남녀의 구별에 쓰이는 생물학적 용어입니다. 요즘 들어 젠더(gender)라는 용어가 부쩍 늘었습니다. 젠더는 역사, 사회, 문화적으로 구성된 성별을 지칭할 때 사용됩니다. 남성에게 남성다움, 여성에게 여성다움을 기대하거나 요구하는 것입니다. 우리말 번역이 힘든 섹슈얼리티(sexuality)는 '성적인 것'을 총체적으로 지칭할 때 쓰는 개념입니다. 누구를 어떻게 사랑하는가, 누구와 어떤 친밀한 관계를 맺는가와 같이 인간이 살아가면서 갖는 성적 느낌, 생각, 표현, 행동 등을 모두 포괄합니다.

염색체상의 성	성염색체의 존재 여부, XX / XY
호르몬상의 성	신체 성징의 분화 발생, 뇌의 성분화
생식소상의 성	생식소의 형태별 구분, 외부 생식기
해부학상의 성	내부 생식기의 형태, 난소/정소

생물학적 성 구분

성의 역사에서 흥미로운 점은 고대 그리스에서 성이 삶의 기술(art of living)로 작용했다는 것입니다. 한 인간이 자신의 잘삶(the good life)을 영위하기 위한 하나의 방편이었습니다. 조화로운 인간성 발달을 위한 양생술, 가정관리술, 연애술로 성을 바라본 것입니다. 오늘날과 사뭇 다른 풍경입니다. 플라톤 이성주의 철학과 중세의 금욕적 기독교주의는 성을 터부시하거나 지하로 내몰았습니다. 인간의 원초적인 욕망을 억압과 극복의 대상으로 본 것입니다.

티치아노 종교적인 사랑과 세속적인 사랑〉(1514년경)

성과 욕망의 문제를 다시 지상으로 끌어올린 것은 스피노자, 니체, 프로이트와 같은 사상가 덕분입니다. 이들은 인간의 정념, 충동, 욕망, 성적 본능이야말로 삶을 이끌어가는 원동력이라고 과감하게 주장한 사람들입니다.

근래에 1968년 "금지된 것을 금지한다"라는 구호 속에 촉발된 학생운동은 인간 해방과 더불어 성 해방의 기폭제가 되었고, 1970년대 이후 성담론은 사회적으로 크게 부각되었습니다. 하지만 성 해방의 후폭풍도 만만치가 않았는데, 성 상품화는 골치 아픈 사회문제가 되었기 때문입니다. 그 영향으로 매춘과 성매매가 널리 퍼지고, 영상 매체에서 노출과 성적 자극이 일상화되기 시작했던 것입니다.

68혁명과 성 해방 운동

서구의 이성중심주의 하에 성은 억압의 대상으로 전락합니다. 성욕은 통제의 대상이 된 것입니다. 인간의 의식 저편으로 내몰린 성과 욕망의 문제를 새롭게 제기한 사람이 바로 프로이트(Sigmund Freud, 1856~1939)입니다.

지그문트 프로이트

프로이트는 깊숙한 곳에 숨어 있는 무의식이 우리의 행동과 정서를 규정한다고 주장했습니다. 무의식(無意識)이란 '의식에 영향을 미치기는 하나, 꿈이나 정신분석의 방법을 통하지 않고서는 의식화하지 않는 의식'을 말합니다. 무의식에 비하면 의식의 세계가 '빙산의 일각에 불과하다'라는 표현을 할 정도로 인간의 삶에서 무의식은 광범위한 영향을 미치고 있습니다.

'빙산의 일각'으로서 의식

우리가 알지 못하는 사이에도 무의식 속에선 성적 욕망이 우리를 지배하고 있다고 프로이트는 말합니다. 무의식은 다양한 형태로 자신을 드러내는데, 가장 대표적인 것이 '꿈'입니다. 『꿈의 해석』(1900)이 그의 역작이 된 것은 우연이 아닙니다. 우리는 누구나 실현되지 못한 욕구가 꿈 속에 나타나 우리를 괴롭히거나 혼란 속에 빠뜨린 경험을 해 보았을 것입니다.

프로이트의 대표작 『꿈의 해석』 독일어판 원서 표지

분석심리학의 기초를 세운 융(Carl Gustav Jung, 1875~1961)은 한 걸음 더 나아가 '집단적 무의식'을 이야기했습니다. 인간이 가지고 있는 성적 충동의 다른 이름이 바로 '리비도(Libido)'입니다. 성 충동을 일으키는 이 에너지가 비단 이성(異性)으로만 향하는 것은 아닙니다. 자기 자신, 동성, 동물, 무생물까지 미칠 수 있습니다. 여기서 자기애, 동성애, 수간(獸姦) 등의 문제가 파생될 수 있습니다. 물론 프로이트는 리비도가 승화된다면 문화와 문명의 창조에 기여할 수 있다는 측면을 간과하지 않았습니다.

칼 구스타프 융

그렇다면 성과 쾌락은 어떤 관계가 있을까요?
생물학적 성관계는 인간의 욕망을 충족해줄까요?
성적 욕망이란 무엇일까요?

　성과 쾌락(快樂)은 불가분의 관계에 놓여 있습니다. 하지만 쾌락을 성관계에서 얻어지는 희열과 환희의 상태로만 보는 것은 한계가 있습니다. 이러한 견해는 성을 단순히 성적 쾌락과 그 결과로서 '오르가즘(orgasm)'을 상정하고 있다는 인상을 줍니다. 그리스 현자였던 에피쿠로스(Epicouros, B.C.341~B.C.270)의 견해를 청취한다면 우리는 잘삶에 도움을 주는 아이디어를 얻을 수 있습니다.

　그는 행복을 자율적인 심신의 안정 상태, 즉 평정심에서 찾았습니다. 그것을 '아타락시아(ataraxia)'라고 합니다. 이것은 문자 그대로 세속의 잡념에 전혀 사로잡히지 않고 동요가 없는 고요한 마음의 상태를 일컫는 개념입니다. 이러한 종류의 쾌락을 추구하며, 선의 척도로 삼는 사람이나 집단을 우리는 '쾌락주의자(hedonist)'라고 부릅니다.

　에피쿠로스는 우리에게 분명하게 말합니다. 쾌락이 "취할 것을 취하고 금할 것을 금할 동기를 탐구하거나, 정신이 매우 혼란할 때 생기는 잘못된 의견을 떨쳐 버리는 건전한 사유이다"라고 말입니다. 쾌락이 욕망의 무제한적 발산이 아니라 욕망의 조절과 통제 그리하여 조화로운 삶의 추구로 이어진다는 고대의 지혜는 되새길 만합니다. 어쩌면 우리는, 미셸 푸코(Michel Foucault, 1926~1984)가 잘 지적한 바와 같이, 슬기로운 '쾌락의 활용'을 통해 비로소 '주체(subject)'로 거듭날 수 있을지도 모릅니다.

성적 욕망(sexual desire) 또한 흥미로운 주제입니다. 욕망은 인간이라는 존재 규정에서 나오는 말입니다. 인간은 한마디로 말하면 '결핍존재(Mangelwesen; deficient being)'입니다. 인간학자 겔렌(Arnold Gehlen, 1904~1976)은 성적 욕망도 인간이 근원적으로 지닌 결핍과 부족함에서 벗어나고자 하는 표현의 하나로 볼 수 있다고 말합니다.

"동물은 신체기관이 생존에 적합한 상태로 발달했지만,
인간은 매우 부족하고 불완전한 상태로 태어나고 살아가는 존재이다."
-Arnold Gehlen-

피카소 〈포옹〉 (1900)

  그래서인지 플라톤은 일찍이 욕망을 "자신에게 결여되어 있는 대상에 대한 사랑"으로 보았습니다. 욕구(need)는 대개 무엇을 얻거나 무슨 일을 하고자 바라는 일이며, 욕망(desire)은 인간의 근원적인 결핍을 채우려는 충동을 말합니다. 욕구가 나에게 결핍된 생물학적 필요를 충족하려는 데 반하여, 욕망은 대상을 주체와 합일시키려는 적극적 활동으로 나아가는 특징이 있습니다. 욕망의 대상 지향성과 활동성으로 인해 통제와 조절의 문제가 발생합니다.

  하지만 욕망은 창조와 생산적 활동의 원동력이 되기도 합니다. 이성을 강조하는 서구 지성사에 반기를 들었던 니체(Friedrich Wilhelm Nietzsche, 1844~1900)는 욕망과 '힘[권력]에의 의지(Wille zur Macht; will to power)'가 인간의 삶을 이끌어간다고 주장하였습니다.

욕망을 삶의 긍정적 에너지로 본 철학자 니체

젠더_gender는 1995년 북경 제4차 여성대회 정부기구(GO)회의에서 공식적으로 채택된 성 개념입니다. 역설컨대 젠더는 생물학적 성(sex)과는 차별화된 개념으로, 역사적, 사회적, 문화적으로 규정된 것입니다. 역사적으로 남성과 여성의 구[차]별이 지속되어 왔고, 특정 사회나 문화에서 남성다움 혹은 여성다움이 달리 규정되어 온 것을 우리는 너무나 잘 알고 있습니다. 가령 남자아이에게 장난감 총을 사 주고, 여자아이에게 장난감 인형을 사 주는 것은 생물학적 성과는 별다른 연관이 없음에도 불구하고 일상의 관행으로 자리를 잡아 온 것입니다.

성정체성과 젠더 문제

특정 직업과 성을 연결 지으려 했던 관습도 젠더 문제의 하나로 볼 수 있습니다. 이렇듯 가정, 직장, 사회의 곳곳에 젠더의 문제가 도사리고 있습니다. 하지만 우리는 이제까지의 관행과 관습에 대하여 되물어 볼 필요가 있습니다.

그렇다면,
특정 성(sex)에 부합되는 젠더의 특질이 정말 있을까요?

남녀의 성정체성은 생물학적 차이에 의해 결정된 것이 아니라 오히려
사회문화적으로 결정되는 것은 아닐까요?

특정한 맥락에서 여성성을 강조하는 것은 남성중심사회에서 권력을 가진
남성들이 여성들에게 그러한 성향을 부과한 것은 아닐까요?

이 질문에 대한 해법을 찾고자 한다면 우리는 젠더 담론(gendere
discourse)을 알아야 하고, 페미니스트(feminist)의 말에 귀를 기울여야
합니다.

동성애_homosexuality는 동성의 상대에게 성적인 감정과 이끌림을 느끼는 것을 말합니다. 여성과 여성 사이에 나타나는 레즈비언(lesbian)은 여성동성애자를 말합니다. 박찬욱 감독의 영화 <아가씨>(2016)는 두 여성 숙희(김태리)와 히데코(김민희)의 육체적 사랑을 적나라하게 보여줍니다.

영화 <아가씨>

반면 남성과 남성 사이에 나타나는 게이(gay)는 남성동성애자를 지칭합니다. 프랑스 현대철학자 푸코는 남성동성애자이며, 『성의 역사』(총 4권)에 관한 걸작을 남겼으나 1984년 에이즈로 사망하였습니다. 그가 자신의 책에서 소크라테스를 예로 들어 동성애를 옹호하는 발언을 하며, 기존 성 고정관념의 전환을 시도한 것은 잘 알려진 사실입니다. 에이즈로 사망하면서 동성애에 대한 부정적 이미지를 대중에게 심어준 것은 아이러니가 아닐 수 없습니다.

    동성애자 스스로 자기가 동성애자임을 세상에 알리는 것을 우리는 커밍아웃(comming out)이라고 하고, 그 반대를 아우팅(outing)이라고 합니다. 2000년 배우 홍석천은 커밍아웃을 선언하면서 우리 사회에 동성애 논쟁을 불러일으킨 바 있습니다. 그 선언에 대한 대중들의 시선과 태도는 따가워서 그는 2000년대 후반까지 방송 출연 금지 처분을 받았습니다.

    2018년 아이돌 가수 홀랜드가 커밍아웃하였지만 소속사에서 나와야 했고, 방송 출연에도 어려움을 겪고 있습니다. 동성애에 대한 대중의 시선은 여전히 차갑고, 이 문제에 관한 한 우리 사회는 아직도 해결해야 할 숱한 과제를 안고 있습니다.

인간의 성 문제를 천착하였으나 에이즈로 사망한 철학자 푸코

퀴어_queer는 원래 이상한, 기묘한, 괴상한 의미를 담고 있습니다. 영미권에서는 남자동성애자를 지칭하는 용어로도 종종 쓰입니다. 퀴어는 성소수자를 모두 지칭하는 개념이므로, 동성애 개념보다 내포와 외연이 크다고 볼 수 있습니다. 이 용어가 성소수자를 보호하고 옹호하는 용어로 정착하게 된 것은 다행으로 보입니다.

동성애자인 레즈비언과 게이 외에도 양성애자인 바이섹슈얼(bisexual), 성전환자인 트랜스젠더(transgender), 암수 두 가지 형질이 혼합되어 나타나는 간성(間性) 혹은 중성(中性)으로서 인터섹스(intersex), 성적 끌림을 느끼지 못하는 성소수자인 무성애자(asexual) 등이 모두 퀴어의 범주에 속합니다.

영화 <보헤미안 랩소디>(2018)에서 전설적인 락밴드 퀸의 리드보컬이었던 프레디 머큐리(Freddie Mercury, 1946~1991)가 처음엔 여자 친구 메리를 사랑하였으나 나중에 다른 남성과 사랑을 나누는 장면이 나오는 것으로 보면 바이섹슈얼이 아니었나 싶습니다.

전설의 락그룹 퀸의 리드보컬 프레디 머큐리와 메리 오스틴

 이렇듯 다양한 성적 지향성을 반영하기 위하여 성소수자를 지지하는 사람들은 무지개 깃발을 자신들의 상징으로 사용합니다.

성소수자 자긍심의 상징, 무지개 깃발

2019 제20회 서울퀴어퍼레이드 행사 장면

우리나라에서도 매년 5월이나 6월에 퀴어문화축제가 펼쳐지며, 이들은 연대의 일환으로 한국퀴어영화제를 개최하기도 합니다. 2000년 시작된 퀴어문화축제는 거리 행진과 부스 운영 등으로 성소수자의 입장을 대중에게 널리 알리고 공감을 얻는 데 일조하였습니다. 하지만 퍼레이드에서의 과도한 노출이나 정치적 발언, 또 일반인들이 행사에 참여하기 힘든 배타성으로 인해 동성애자들은 문란하다거나 성범죄자들이라는 좋지 않은 이미지를 남기게 되었습니다.

차별과 싸운다면서 차별을 조장하는 문제는 지양되어야 할 문제이며, 그들만의 리그가 아닌 대중들과 함께 호흡하며 모든 이와 더불어(with people) 지내는 문화의 조성이 시급한 일로 보입니다. 퀴어가 이상하면서 나쁜 사람이 아니라 단지 성향이나 삶의 지향이 다른 인간임을 대중에게 널리 알릴 필요가 있습니다.

트랜스젠더_transgender는 타고난 육체적 성과 반대의 성적 정체성을 지닌 사람입니다. 이런 사람들은 대개 성전환 수술을 한 후 성 역할에서도 근본적인 전환을 시도하게 됩니다. 우리나라에서는 2001년 하리수가 남성으로 태어났으나 성 정체성에 혼란을 겪다가 여성으로 성전환 수술을 하면서 인식 전환의 계기가 되었습니다. 2006년 6월 우리나라 대법원에서는 호적상의 성별 전환을 인정하기에 이르렀습니다.

하지만 트랜스젠더나 성전환 수술에 대한 사람들의 인식은 그리 호의적이지 않습니다. 이른바 젠더 논쟁이 우리 사회의 이슈 중의 하나가 되고 있습니다. 그 대표적인 사례가 2020년 전후에 일어난 숙명여대 A씨 사건입니다. A씨는 남성으로 태어났으나 성 정체성 혼란을 겪다가 태국에서 여성으로 성전환 수술을 받은 후 2020년 숙명여대 입학전형에서 합격 통지를 받았습니다. 하지만 여자대학교에 남성의 입학을 허가해서는 안 된다는 반대 의견과 법적으로 하자가 없으니 입학을 허락해야 한다는 찬성 의견이 갈리게 되면서 심적 부담을 느낀 A씨는 스스로 입학을 포기하기에 이르렀습니다.

그리고 두 번째 사례는 군복무 중인 남성 군인 변희수씨가 휴가 중 여성으로 성전환 수술을 받고 여군으로 남고자 하였으나 군당국에서 강제 전역 판정을 내리게 된 사건입니다. 이에 대해서도 누리꾼을 중심으로 찬반 의견이 팽팽하게 맞서면서 우리 사회에 젠더 논쟁이 핫이슈임을 다시 한번 보여주었습니다. 여러분의 경우라면 이 두 가지 사안에 대해서 어떤 입장을 취할 것인가요, 그리고 찬성 혹은 반대 입장을 취했다면 그 입장에 대한 이유는 무엇인가요?

섹슈얼리티_sexuality를 결정하는 요인으로 '성 주체성, 성 정체성, 성 지향성'을 들 수 있습니다. 이에 관해서는 네이버 캐스트에 실린 '인간의 성을 결정짓는 세 가지 ─ 남성을 여성으로 바꿀 수 있을까'라는 흥미로운 글이 많은 도움이 됩니다. 여기서는 그 내용을 간추려 봅니다.

첫째, 성 주체성(sex)으로 성염색체와 성기의 생김새로 결정하는 생물학적 성을 들 수 있습니다. 우리가 흔히 섹스(sex), 성별(性別)을 구분할 때 암컷/수컷, 남자/여자로 구분하는 것이 바로 이 성 주체성 개념을 따르는 것입니다.

둘째, 성 정체성(gender identity)으로 이는 두 살 반에서 세 살 사이의 발달과정에서 '나는 어떤 성'인지 인식하는 심리적 성 정체성입니다. 성 정체성은 젠더(gender), 사회문화적인 성 역할을 지칭합니다. 일반적으로는 남성의 신체를 지닌 사람은 당연히 남자답게 행동하고, 여성의 신체를 지닌 사람은 당연히 여성답게 행동해야 한다

고 양분하여 생각하지만, 실제로는 생물학상 남성이지만 '여성처럼'
('조신하다, 친철하다, 소극적이다' 같은 개념들) 행동하는 경우도 있으며,
반대로 생물학상 여성이지만 '남성처럼'('씩씩하다, 늠름하다, 활동적이
다' 같은 개념들) 행동하는 경우도 있습니다. 그러나 성 정체성은 단
순히 '여성스럽다' 또는 '남성스럽다'를 넘어 자신을 어떤 성으로 인
식하는지를 가리키는 개념입니다.

셋째, 성적 지향성(sexual orientation)으로, 성적 매력을 느끼는
대상이 무엇인지를 뜻하는 것입니다. 쉽게 말해, 내 성적 지향을 말
합니다. 이때 내 성적 지향은 이성이나 동성 혹은 둘 다 모두를 향할
수도 있습니다. 남성은 당연히 여성을 좋아하고, 여성은 당연히 남성
을 좋아한다(또는 그래야 한다)고 일반적으로 생각하지만, 실제로 성
적 지향은 굉장히 다양하게 나타납니다. 양성애, 무성애뿐만 아니라
상대방의 생물학적 성, 성 정체성, 성적 지향성과 관련없이 인격체만
을 보고 사랑하는 범성애 등도 있습니다.

우리는 섹슈얼리티의 다양한 문제로 낙태와 피임,
에로티시즘, 성희롱과 성추행, 성폭력, 미투운동 등을 살펴봐야 합니다.

낙태(落胎)란 원치 않는 임신을 했을 때 배 속의 태아를 없애는 것을 말하며, 다른 말로는 인공 '임신 중절 수술'이라고 합니다. 우리나라에서 인공 임신 중절 수술은 불법이었으나 2019년 4월 헌법재판소에서 낙태법에 대하여 헌법불일치 판결을 내린 상태여서 2020년 12월 31일자로 낙태법 규정은 자동 폐기처분될 예정입니다.

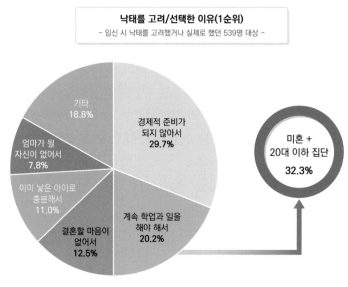

낙태를 고려/선택한 이유(1순위)
- 임신 시 낙태를 고려했거나 실제로 했던 539명 대상 -

기타 18.8%

엄마가 될 자신이 없어서 7.8%

이미 낳은 아이로 충분해서 11.0%

결혼할 마음이 없어서 12.5%

경제적 준비가 되지 않아서 29.7%

계속 학업과 일을 해야 해서 20.2%

미혼 + 20대 이하 집단 32.3%

낙태 고려/선택 이유에 관한 연구결과

원치 않는 임신으로 인해 낙태가 불가피한 경우도 있지만 인공 임신 중절 수술은 그 폐해가 이루 말할 수 없습니다. 낙태는 출산에 버금가는 산고가 따르므로 여성의 몸에 무리를 주게 됩니다. 임신한 사람이 낙태 이후 아이를 죽였다는 죄책감에 시달릴 수 있습니다. 낙태를 경험한 사람은 정작 임신이 필요할 때 임신이 잘 되지 않거나 임신하더라도 유산이 되는 경우가 많습니다. 그러므로 원치 않는 임신을 위해서는 피임(避姙)이 그만큼 중요하다는 것을 알아야 합니다.

만일 여러분이 아기를 키울 준비가 되지 않은
상태에서 임신을 하게 되었다면 어떻게 할 것인가요?

임신을 미연에 방지하기 위한 피임법에는 어떤 것들이 있을까요?

여러분은 여러 가지 피임법 가운데 어떤 방법을 선택할 것인가요?

다양한 피임도구와 피임법

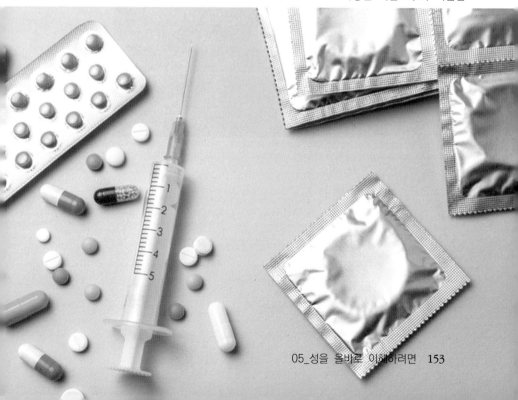

에로티시즘(eroticism)은 주로 문학이나 미술 따위의 예술에서, 성적(性的) 요소나 분위기를 강조하는 경향을 지칭할 때 쓰는 말입니다. 이 말이 사랑의 신 에로스(Eros)에서 파생된 점으로 미루어 보면 '인간의 성적 본능을 자극'하는 것과 깊은 연관이 있습니다. 이러한 경향은 신화, 종교, 관습뿐만 아니라 문학, 미술 작품 속에도 깊이 스며들어 있습니다. 우리는 그리스의 도자기, 폼페이 벽화, 르네상스 회화에서, 또 근대 프랑스의 궁정 문화나 낭만주의 작품에서도 에로티시즘을 경험할 수 있습니다.

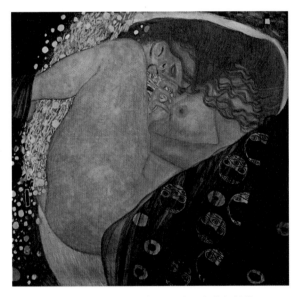

신화를 재현한 구스타프 클림트의 〈다나에〉

여러분은 혹시 예술과 외설 논쟁에 휘말린 문학작품,
예술작품, 영화, 광고를 읽거나 본 적이 있나요?
그것에 대한 여러분의 생각은 어떤가요?

에로티시즘의 운명은 순탄치만은 않았습니다. 1973년 영화 <파리에서의 마지막 탱고(Last Tango in Paris)>를 만든 베르나르도 베르톨루치 감독은 지나친 외설 논란을 불러일으키며 철장 신세를 면치 못하였습니다.

베르나르도 베르톨루치 〈파리에서의 마지막 탱고(Last Tango in Paris)〉(1973)

한국에서도 음란 영화가 금지되다가 제한이 풀리면서 1985년 개봉된 이두용 감독의 <뽕>이 흥행을 거두었고 수많은 '에로물'이 비디오로 제작되기도 하였습니다.

뉴미디어가 등장하면서 사진, 광고, 패션, 영화, 컴퓨터 그래픽 쪽으로 에로티시즘의 무게중심이 이동한 것으로 보입니다. 소비가 미덕이 된 시대에 에로티시즘은 성적 상품 판매의 도구가 된 느낌을 줍니다. 광고만 보더라도 속옷, 잠옷뿐만 아니라 햄버거, 소주, 자동차 광고에 이르기까지 소비자 시선을 유혹하기 위한 '섹스어필(sex appeal)'은 계속되고 있습니다. 앞으로도 미술, 영화, 광고 등에서 '예술이냐 외설이냐'의 논란은 치열해질 것으로 보입니다.

영화 〈뽕〉 포스터

섹시 햄버거 광고 장면

성희롱(sexual harassment)은 성에 관계된 말과 행동으로 상대방에게 불쾌감, 굴욕감을 주거나 고용상에서 불이익을 주는 등의 피해를 입히는 행위를 말합니다. 성희롱은 신체 부위를 만지는 육체적 유형, 음란한 농담, 음담패설, 외모 비하 등으로 희롱하는 언어적 유형, 사진, 그림, 낙서, 게시물 등을 보내는 시각적 유형으로 나누어 볼 수 있습니다.

육체적 성희롱		• 입맞춤이나 포옹, 뒤에서 껴안기 등의 신체적 접촉 • 가슴, 엉덩이 등 특정 신체부위를 만지는 행위 • 안마나 애무를 강요하는 행위
언어적 성희롱		• 음란한 농담 (전화통화 포함) • 외모에 대한 성적인 비유나 평가를 하는 행위 • 성적인 관계를 강요, 회유 • 회식자리 등에서 옆에 앉혀 술을 따르도록 강요
시각적 성희롱		• 음란한 사진, 그림, 출판물 등을 보여주는 행위 • 성과 관련된 자신의 특정 신체부위를 고의로 노출하거나 만지는 행위

성희롱의 종류

성희롱이 사회문제가 되면서 법률상으로 성희롱을 방지하기 위한 장치가 마련되어 있습니다. 남녀고용평등과 일·가정 양립 지원에 관한 법률, 성발전기본법, 국가인권위원회법 등이 그것입니다. 성추행은 성희롱보다 한 단계 수위가 높은 것으로 '폭행과 협박'이 가미될 때 일컫는 말입니다. 강제로 키스를 한다거나 상대방 의사와 무관하게 성기를 만지는 행위 등이 여기에 해당합니다. 성추행은 형법 제298조에 의거 10년 이하 징역에 처하거나 1,500만원 이하의 벌금을 부과하게 되어 있습니다.

여러분은 타인의 성희롱과 성추행에 대해서
듣거나 본 경험이 있습니까?
본인이 직접 피해 당사자로의 경험이 있나요?
우리는 성희롱과 성추행을 어떻게 슬기롭게 막을 수 있을까요?

성폭력(sexual violence)은 성을 매개로 상대방의 의사에 반해 이뤄지는 모든 가해 행위로 원칙적으로 성희롱, 성추행, 성폭행을 모두 포괄합니다. 강간(rape, 強姦)과 강간 미수는 성폭력의 대표 사례입니다. 강간은 '폭행, 협박을 가해 사람과 교접행위를 하는 것'으로 죄질이 나빠 형법 제297조에 의거 3년 이상 유기징역에 처하도록 되어 있습니다. 여기서 폭행이나 협박은 실제적인 것뿐만 아니라 암시적인 형태도 해당됩니다. 강간의 가해자는 대부분 남성이고 피해자는 대부분 여성이나 여자아이인 경우가 많습니다. 여성의 의지에 반하여 무력으로 행해진 불법적 육체관계를 말하는 법률적 개념인 강간에서의 성교는 의학적 입장과는 달리 음경의 질 내 삽입 사실만으로도 범죄가 성립됩니다.

하지만 성범죄가 발생하였을 경우 실제로 '항거 불능할 정도로 폭행과 협박'이 있어야만 가해자를 처벌하도록 돼 있어 법 심판이 가해자 중심이라는 비판에서 자유롭지 못한 실정입니다. 이에 폭행·협박, 위계·위력 이용이 없더라도 피해자가 성관계에 동의하지 않은 경우에도 처벌하도록 강간죄 성립 범위를 넓히는, 이른바 '비동의 간음죄'를 신설하려는 움직임이 감지되고 있습니다.

일상에서 성폭력은 어떻게 일어날까요?
성폭력을 당했을 때 가장 시급하게 해야 할 일은 무엇일까요?
성폭력을 예방하기 위해서
우리는 어떤 노력을 기울여야 할까요?
'비동의 간음죄'에 대한 여러분의 생각은 어떻습니까?

성범죄 양형기준 재정비를 요구하는 청와대 청원

'강간 100% 예방하는 방법'이라는 제목의 웹툰 내용

미투운동(Me Too movement)은 성희롱과 성폭력에 대한 폭로가 연쇄적으로 일어나 거대한 반향을 일으키는 것을 말합니다. 이 운동은 미국에서 시작되었습니다. 2017년 10월 헐리우드 영화제작자 하비 와인스타인(Harvey Weinstein)에게 성추행을 당한 피해당사자들이 해시태그(#Me Too)를 달면서 말입니다. 하비 와인스타인은 영화 <세익스피어 인 러브>, <킹스 스피치>, <시카고>, <아티스트> 등 명작들을 배출한 할리우드의 유명 제작자이며, 메릴 스트립과 같은 페미니스트 배우들과도 친분을 과시해 왔던 인물입니다. 심지어 기네스 펠트로, 안젤리나 졸리 등 유명 여성 배우 수십여 명이 와인스타인에게 성추행 당했다는 사실을 폭로했습니다. 성추행 피해를 입고 해시태그를 단 사람이 무려 100명을 넘었다니 사회적으로 명망있는 사람이 그런 일을 저지를 수 있었는가 하는 충격에서 헤어나기 힘들 정도입니다.

미투를 폭로한 여배우들과 영화제작자 하비 와인스타인

한국은 2019년 1월 서지현 검사가 JTBC 뉴스룸에 출연하여 안태근 전 법무부 국장의 성추행을 폭로하면서 미투운동이 시작되었습니다.

여러분은 주변에서 미투의 피해자를 보거나 만난 적이 있나요?
대학 캠퍼스에서 미투운동의 전개 양상은 어떤가요?
내가 만일 미투 희생자라면 어떻게 해야 할까요?
미투 피해자에게 우리는 어떻게 연대의 손길을 내밀 수 있을까요?

한국여성민우회, 스쿨미투 집회 참여 포스터

연극연출가 이윤택, 시인 고은, 극작가 오태석, 배우 조민기와 조재현, 정치인 안희정과 정봉주에 이르기까지 문화예술계에서 정치계까지 파문을 일으켰습니다. 극단 번작이 대표 조증윤은 미성년자 2명을 성폭행한 후 간음죄로 구속되었습니다. 이후 봇물 터지듯 체육계, 학교와 대학에서의 미투운동이 널리 퍼져 나가게 되었습니다. 미투는 나도 피해자임을 만인에게 공표하는 행위입니다. 그 용기있는 행동에 많은 사람들이 동참하면서 당신과 함께 하겠다는 위드유(#With You) 해시태그로 응답을 하고 있습니다.

미투운동의 메시지는 분명합니다. 이제까지 남성들이 자신의 우월적인 권력을 이용하여 여성들의 신체적인 억압을 당연시 하였는데, 여성들이 더 이상 숨기거나 참지 않고 과감하게 그러한 나쁜 행동을 한 사람들을 사회적으로 폭로함으로써 연대를 통하여 자신의 존엄성과 인권을 지킬 수 있게 되었다는 것입니다.

미투운동과 위드유운동

실천하기

2018년 미투(Me Too)운동 이후 우리 사회에서는 많은 여성들이 "강간문화를 철폐하라"는 구호를 외쳤습니다. 강간문화에는 피해자의 관점보다 가해자의 관점이 고스란히 스며들어 있습니다. 가해자들은 대부분 '합의된 성관계였다' 혹은 '우리는 서로 사랑해서 (성)관계를 했다'라고 항변합니다.

그렇다면,
통상 합의되지 않은 성관계를 강간이라고 하는데,
그 '합의'의 기준이란 도대체 무엇일까요?

여기 캐나다의 사례가 이 문제의 해결에 열쇠를 제공할 수 있어 소개합니다. 2016년 캐나다 온타리오 법원에서 데이트 관계에 있는 남녀가 술에 취한 상태에서 일어난 성폭력 사건에 대해 의미 있는 판결을 내렸습니다. 이 판결문은 성관계에서의 '합의'가 무엇인지를 드러내 줍니다.

a) 성적 행위에 대하여 자유롭게 동의한 것을 뜻함.
b) 언어적 혹은 물리적 저항이 없었음.
c) 상대방의 옷차림은 동의의 의사표현이 아님.
d) 과거의 성적 행위에 대한 동의는 미래의 성적 행위에 대한 동의가 아님.
e) 한 사람과 성적 행위를 하기로 동의한 것은 다른 사람과 성적 행위를 하는 것에 대한 동의가 아님.
f) 개인은 언제든지 동의를 철회할 수 있음.
g) 개인이 그 행위의 성격을 이해할 수 없거나, 정황상 의식적인 동의를 할 수 없는 상황이라면 성적 행위에 대해 동의가 있다고 할 수 없음.

    장황한 판결문의 주문에도 성적 '합의'를 이해하기란 쉽지가 않습니다. 성적 친밀감과 성관계 합의의 사안이 실제에서는 그만큼 미묘하게 전개된다는 의미입니다. 그러기에 우리는 모든 성적 행위에 대해, 감정과 신뢰와 친밀감에 대해, 상대방이 진정 어떤 것을 원하는지에 대해 지속적으로 '대화'를 나누는 과정이 필요합니다. 자신과 상대방의 불편함, 욕망, 쾌락 등을 존중하고 알아가는 성적 대화가 중요합니다.

　　성인지 감수성 혹은 젠더감수성에 관한 표준화된 검사도구는 찾아보기 힘든 실정입니다. 다행히도 한국형남녀평등의식검사가 개발되어 타당화 검사를 거치고 있고 머지않은 장래에 널리 상용화될 전망입니다. 한국형남녀평등의식검사(Korean Gender Egalitarianism Scale: KGES)의 구성요소를 통해 (양)성평등 요인들이 어떤 것인지, 또 이 검사문항에 대한 우리의 의식은 어떠한지 스스로 진단해 보았으면 합니다. 이 도구는 6개 요인과 총 34개의 검사 문항으로 구성되어 있습니다. 각 문항에 대해서 우리는 서로 의견을 교환하거나 진정한 성평등을 이루기 위한 생산적 토론을 진행해 볼 수 있을 것입니다.

성평등 의식 1: 공적 영역에서의 성평등 의식

- 남녀가 함께 근무하는 부서의 책임자는 남자가 되어야 한다.
- 여자는 남자만큼 부하직원을 잘 통솔하지 못한다.
- 자격이 같은 남녀직원 중 한 명만 승진할 수 있다면 남자를 시켜야 한다.
- 여학생들은 남학생에 비해 논리력이 떨어진다.
- 여자 장관이나 고위 공무원이 적은 것은 여성의 능력이 부족하기 때문이다.
- 사관학교나 경찰대학에 여학생이 입학하는 것을 제한해야 된다.
- 어떤 직장이든 여성이 많아지면 오히려 생산성이 떨어지기 마련이다.
- 대학 이상의 교육을 받은 것은 여자보다 남자에게 더 중요하다.

성평등 의식 2: 가정에서의 성평등 의식

- 형광등 교체, 컴퓨터 점검, 무거운 짐을 옮기기는 남자가, 요리, 빨래, 청소는 여자가 하는 것이 자연스럽다.
- 명절 때, 장거리 운전과 성묘는 남자가 하고, 차례상 음식 마련은 여자가 하는 것이 공평하다.
- 집안일에는 남자가 할 일과 여자가 할 일이 따로 있다.
- 딸은 커서 전문직을 갖더라도 우선 가사 일과 육아를 잘 할 수 있게 키워야 한다.

- 학교에서 남학생보다 여학생에게 얌전한 행동이나 옷차림을 강조하는 것은 당연하다.
- 자녀의 생일파티를 계획할 때, 아버지보다는 어머니의 손길과 관심이 더 필요하다.
- 아이를 잘 키우고 보살피는 일은 아빠보다 엄마의 책임이다.

성평등 의식 3: 여성의 권리 요구에 대한 태도

- 여성을 위한 많은 제도와 정책이 있는데도 여자들은 끊임없이 요구만 한다.
- 평등을 주장하는 여성들은 의무를 다하지 않으면서, 자신들의 권리만을 내세운다.
- 여자들은 지켜야 할 의무는 다하지 않으면서, 자신들의 권리만을 내세운다.
- 여성에 대한 차별이나 불평등은 거의 사라졌으므로 더 이상의 성평등 정책이나 제도는 필요 없다.
- 여자들은 체력은 안 되면서 남자들만 할 수 있는 직업에까지 욕심을 낸다.
- 가정과 직장 등 거의 모든 분야에서 여성의 발언권이 지나치게 높은 것이 사실이다.

성역할 규범 1: 남성 우월성

- 가족의 생계는 남편이 책임져야 한다.
- 경제적으로 가족을 부양해야 할 책임은 여자보다 남자가 더 크다.
- 남자는 될 수 있으면 약한 모습을 드러내지 말아야 한다.
- 남학생들에게는 여학생들에 비해 좀 더 책임감 있는 일을 할 수 있도록 교육해야 한다.
- 리더십 훈련은 여학생보다 남학생에게 더 필요하다.
- 원만한 관계를 위해서 남자는 사귀는 여자보다 학벌이 좋아야 한다.

성역할 규범 2: 여성의 정숙함

- 성폭력이나 강간은 피해를 당한 여성의 옷차림이나 행동에도 원인이 있다.
- 여성이 술에 취해 돌아다니는 것은 남자보다 더 보기 흉하다.
- 여자가 욕설이나 음담패설을 하는 것은 남자보다 보기에 더 좋지 않다.
- 피임은 남성보다 여성이 미리 신경을 써서 조심해야 한다.

가족제도에 대한 태도: 부계 중심성

❏ 재산을 딸, 아들 구별 없이 똑같이 물려 주겠다.[1]
❏ 결혼한 딸에게도 아들과 똑같은 유산을 물려주게 하는 상속제도는 잘
  못된 제도이다.
❏ 대를 잇기 위해 아들이 필요하다.

---

[1] 이 문항은 성평등한 내용으로 구성되어 있으므로 점수가 높을수록 평등에
  동의하는 정도가 높은 것으로 해석됩니다.

06

참 사랑을 원한다면

인간의 삶에서 사랑보다 더 고귀한 것이 있을까요?

인간의 본원적인 감정으로 이해되는

사랑을 우리는 어떻게 이해할 수 있을까요?

우리는 데이트폭력을 어떻게 예방할 수 있을까요?

인공지능과 사랑에 빠질 수 있을까요?

진정한 사랑은 모든 것을 주는 것일까요?

Keyword

에로스, 필리아, 아가페, 사랑, 포르노, 성폭력, 데이트폭력,
성 윤리, 성 평등, 사랑의 기술

06_참 사랑을 원한다면

우리와 가장 친숙하면서도 어려운 것이 사랑의 문제입니다. 사랑을 이해하기 위한 방편으로 우리는 다양한 사랑의 현상과 문제를 살펴봐야 합니다. 사랑과 관련된 여러 용어나 문제에 대한 이해는 사랑의 본질을 파악하는 데 도움을 줄 것입니다. 예를 들어, 필리아, 아가페, 에로스는 사랑의 본질을 파악하는 중요한 단서를 제공해 줍니다. 남녀 사이의 육체적 사랑만이 사랑의 전부는 아니기 때문입니다.

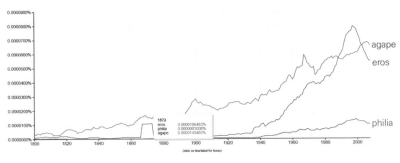

에로스(eros), 필리아(philia), 아가페(agape)

사랑의 세 차원인 에로스(eros), 필리아(philia), 아가페(agape)의 트렌드를 분석한 구글 엔그램 뷰어(nGramViewer) 결과입니다. 에로스가 1940년대부터 가파른 상승세를 타다가 1997년 정점을 찍은 다음 하강 국면으로 접어들었고, 필리아는 역사적으로 활용빈도가 낮았으며 현재에도 그 추세가 지속되고 있습니다. 아가페는 1800년대부터 지속적으로 완만한 상승곡선을 이어오다가 2000년 이후에는 에로스보다 더 활용빈도가 높은 것으로 드러났습니다.

우리는 성 윤리와 성 평등에 대한 감수성을 키워나가야 합니다.
이를 통해서 진정한 사랑을 위해 우리는 배려, 책임, 존경, 지식 등이
필요함을 깨닫게 될 것입니다.

건강한 성과 사랑이
건전한 사회의 버팀목이 된다는 평범한 사실을 알아야 합니다.

에로스_eros

사랑의 기원은 에로스에서 찾습니다. 에로스(로마 신화에서는 아모르 또는 큐피드로 불림)는 남녀의 사랑이며, 성적 사랑(erotic love)을 의미합니다.

'큐피드의 화살'로 상징되는 사랑의 신·에로스

에로스는 사랑의 신, 가장 오래된 신, 가장 좋은 것의 근원이 되는 신이기도 합니다. 그리스 신화에 의하면, 에로스는 풍요의 신 포로스(Poros)와 빈곤의 여신 페니아(Pennia) 사이에서 태어났습니다. 사랑은 태생적으로 극단적 풍요와 극단적 결핍을 안에 품고 있습니다. 극단적 간극으로 말미암아 강한 감정에 휩싸이기 쉽습니다. 사랑이 변화무쌍하고, 허탈함과 공허함 속에서 헤매는 것도 따지고 보면 이러한 사랑의 속성 때문입니다. 다소 믿기 어렵겠지만 인간은 원래 남녀가 한 몸

속에 공존하는 마치 샴쌍둥이와 같은 존재였다고 합니다. 이 상태에서 인간은 최상의 힘을 발휘하는데 이것을 경계한 나머지 신이 인간을 둘로 나누었고, 분리된 인간 존재는 나머지 반쪽을 간절하게 찾아 헤매게 되었다는 것입니다. 하여 에로스는 결핍과 밀접한 관련이 있습니다. 늘 부족한 것을 갈망하고, 또 채우려 듭니다.

에로스는 부족한 것에 대한 갈망,
부족함을 채우려는 욕구,
사랑의 신 혹은 결핍의 화신으로 볼 수 있습니다.

남녀 간의 성적 결합의 욕구는 필연적으로 종족 보존의 욕구로 연결됩니다. 사랑은 기본적으로 생식과 종족 보존을 떠나서 생각하기 어렵습니다. 유한한 존재인 인간은 언젠가는 죽는다는 자신의 유한성을 극복하고 영생불멸을 얻고자 자신의 아이를 출산하려는 강한 욕구를 갖게 되는 것입니다.

결혼과 출산을 원치 않는, 아니 결혼과 출산을 포기할 수밖에 없는 사람이 나날이 늘어가는 현시점에서 우리는 이런 그리스적 사유를 어떻게 받아들여야 할까요? 출산을 인간(인류) 존속의 필연성에서 볼 것인지, 아니면 출산의 강요도 하나의 이데올로기에 지나지 않는지 곰곰이 생각해 볼 문제입니다.

필리아_philia

　필리아는(philia)는 우정(友情)과 우애(友愛)로 친구 간의 사랑을 뜻하며, 영어의 friendship에 상응하는 용어입니다. 필리아는 '상대방이 잘 되기를 바라는 순수한 마음으로 그러한 바람이 쌍방적이면서도 그러한 상태를 쌍방이 인지하고 있는 품성 상태'를 말합니다. 그렇다고 해서 필리아가 단지 친구 사이의 사랑으로 국한되는 것은 아닙니다.

　아리스토텔레스는 『니코마코스 윤리학』에서 친구 사이의 우정을 그토록 강조하고 있지만, 필리아는 부부 사이의 관계나 사제지간, 선후배 사이, 더 나아가 동포애까지 두루 포괄하는 넓은 의미의 사랑에 대한 개념으로 볼 수 있습니다. 아리스토텔레스는 어떤 사람이 자기 자신에 대하여 취하는 태도를 타자인 상대방에게도 취할 때, 이러한 필리아의 상태에 도달할 수 있다고 했습니다. 필리아는 단순한 순간적 감정(pathos) 수준에서 이해될 수 없고 상당한 시간의 사귐과 그로 인한 인격적 친밀성을 전제하기에 잘만 발현된다면 완전한 그리고 자족적인 삶의 일부분이 될 수 있습니다.

그리스의 철학자 아리스토텔레스

필리아는 확대되면 코스모폴리타니즘(Cosmopolitanism), 즉 사해동포주의, 세계만민주의, 세계시민주의와도 연결될 수 있습니다. 일찍이 알렉산더 대왕이 원대한 꿈을 꾸었듯이 우리는 어쩌면 인종이나 민족, 국민이나 국가에 관계없이, 본성적으로 혹은 신의 아래에서는 모두 하나의 동포로 볼 수 있습니다. 그가 폴리스(polis)의 좁은 테두리를 벗어난 제국의 세계시민을 강조했듯이 지구촌 시대를 살아가는 우리는 '글로벌 시민(global citizen)'으로 거듭날 필요가 있다고 봅니다.

멀리 갈 것도 없이
여러분은 영혼을 교감할 만한 진정한 친구가 있나요?
여러분은 선후배 사이에서 필리아적 사랑을 얼마나 느끼고 있나요?
오늘날 스승과 제자 사이에 필리아의 정신이
어느 정도 살아 있다고 느끼나요?
'세계시민성'의 관점에서 자기 자신에게 글로벌 역량 점수를 준다면
100점 만점에 몇 점을 줄 것인가요?

아가페_agape

아가페는 타인과 절대자를 위해 자신을 희생하고 헌신하는 열정입니다. 사랑은 때로 자신을 버리고 오직 상대방을 위해 '헌신'하는 경우도 있습니다. 헌신적인 사랑으로서 아가페는 기독교 전파 이후 널리 퍼졌으며, 신의 은총과 무한한 사랑을 드러내는 데 적합하였으므로 기독교의 정신을 대표하는 상징적 개념으로 정착하게 되었습니다.

CHRIST DIED FOR OUR SINS

　　예수가 강조한 '인간에 대한 하나님의 사랑'에는 단지 인간을 사
랑한다는 차원만이 아니라 인간을 구원하기 위해 신 자신이 희생하
고 헌신한다는 차원까지도 담겨 있습니다. 이러한 신의 인간에 대한
사랑은 '인간의 인간에 대한 사랑'으로 확장됩니다. 성경(요한복음
15:12)에도 "내가 너희를 사랑하는 것처럼 너희도 서로 사랑하라"가
계명으로 분명하게 제시되어 있습니다.

　　예수는 신의 사랑을 주장하면서 끊임없이 '인간에 대한 사랑'을
강조합니다. 이웃을 하나님처럼 생각하고, 이웃을 내 형제처럼 생각
하며, 이방인조차도 내 친구처럼 생각하라는 것이 예수가 설파한 아
가페 정신의 본질입니다.

피터 파울 루벤스의 〈십자가에서 내림〉(1611-1614)

　　현실로 눈을 돌려 본다면 부모가 자식에 베푸는 조건 없는 사랑
도 헌신적 사랑의 좋은 예가 될 것입니다. 자식의 잘삶을 위해 자신
의 모든 것을 희생하고 헌신하는 사랑은 이 세상 어디에서도 찾을
수 없을 것입니다. 이런 사랑이 그저 일방적으로 끝날 것이 아니라
최소한의 동등성을 회복하기 위해서는 자식의 부모에 대한 사랑이

뒷받침되어야 할 것입니다. 강요된 도리가 아니라 최소한의 호혜성의 원칙에 어긋남이 없도록 하기 위해서라도 오늘날 효(孝, filial duty)의 실천은 절실합니다.

그렇다면,
우리는 고통받는 이웃에 대하여
마치 우리가 부모, 형제에게 베푸는 것과 같이
얼마나 헌신적인 사랑을 베풀고 있을까요?

부모의 숭고한 사랑에 대하여
우리는 어떤 방식으로 효를 실천하고 있나요?

미켈란젤로의 〈피에타(Pieta)〉(1498)

성 윤리

데이트폭력은 사랑하는 과정에서 발생하는 폭력입니다. 남녀 간의 사랑은 연애(戀愛)라는 형태로 나타나게 됩니다. 연애를 하는 과정에서 단둘이 만나는 행위가 바로 데이트(date)입니다. 연애가 순조롭게 진행될 경우 약혼이나 결혼에 이르게 됩니다. 그렇지만 나쁜 쪽으로 진행되는 경우도 허다하게 발생합니다. 연애 중에 나타나는 데이트폭력, 데이트 강간이 그것입니다. 데이트폭력은 사회적으로 공공연하게 이슈가 되고 있는 미혼의 연인 사이에 나타나는 폭력이나 위협을 말합니다.

데이트폭력은 신체적 폭력에서부터 언어적, 정신적 차원까지 다양하게 일어납니다. 대중매체에서도 연애상대자에 대한 통제, 감시, 폭언, 협박, 폭행, 상해, 갈취, 감금, 납치, 살인미수, 성폭행이 심심치 않게 보도되고 있습니다.

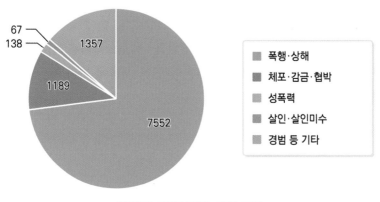

2018년 데이트폭력 사건 유형

2018년 한 해만 18,671건의 데이트폭력이 발생하였는데, 하루로 따지면 평균 51건에 달합니다. 이러한 폭력은 지속적으로 반복되며, 재범률이 76%에 이른다고 하니, 그 심각성을 미루어 짐작할 수 있습니다. 그 증상은 대략 다섯 가지 정도로 볼 수 있습니다. 감정적, 정신적, 성적, 물리적 데이트폭력과 통제 권력적 행동 등이 그것입니다.

여러분도 혹시 데이트 과정에서 이런 폭력에 시달린 적이 있나요?
아니면, 친구나 지인이 데이트폭력의 희생양으로
힘든 나날을 보내고 있지는 않나요?
우리는 데이트폭력을 어떻게 예방할 수 있을까요?

성대신문 만평 중 〈사랑하니까? 범죄라니까!〉

포르노그래피(pornography) 혹은 줄여서 포르노(porno)는 인간의 성적(性的) 행위를 묘사한 소설, 영화, 사진, 그림 따위를 통틀어 이르는 말입니다. 포르노그래피는 대개 부도덕한 영향을 끼칠 수 있는 강렬한 에로틱 장면의 연속으로 구성되어 있습니다.

　강도에 따라 구분되는데 하드코어(hardcore) 포르노그래피는 성교를 노골적으로 묘사하며, 소프트코어 포르노그래피는 성교장면을 위장하고, 프렌지(frenzy) 포르노그래피는 이상성애(異常性愛)를 다룹니다.

　원래 포르노그래피의 목적은 인간 생활의 기본적 현실을 묘사하기보다는 독자를 성적으로 흥분시키기 위하여 에로틱한 심상(心像)을 야기함으로써 심리적 최음제(催淫劑)의 역할을 하려는 데 있습니다.

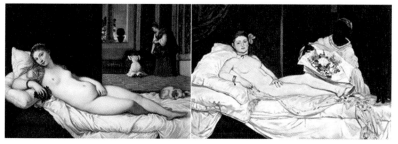

티치아노의 〈우르비노의 비너스〉(1537~1538)와 마네의 〈올랭피아〉(1863)

　문제는 포르노에서 여성이 성의 도구로 전락하고, 폭력성과 가학성이 가미되어 있으며, 피해자의 대부분이 여성이라는 점입니다. 일상에서도 포르노는 금기시하면서도 일상화되어 있어 현실은 모순 그 자체입니다. 특히 이러한 모순 속에서 자라나는 아동과 청소년은 혼란에 빠지기 쉽습니다.

혼돈의 사랑과 성 문화 속에 자라는 어린이들

뉴미디어 시대에 포르노는 비디오를 통해 안방으로, 스마트폰을 타고 우리 손아귀까지 침투해 있습니다. 비디오물의 70%가 성인비디오이며, 인터넷 검색 용어의 80%가 섹스라는 사실은 현대인의 민낯을 그대로 보여줍니다. 포르노가 인성을 파괴하며 폭력성과 가학성 등으로 유해하다는 의견이 많지만 1970년대 포르노 산업은 팽창을 거듭해 왔습니다.

성범죄를 막기 위해서라도 포르노를 금지해야 할까요?
아니면, 자본의 논리에 맡긴 채 그대로 두어야 할까요?

1970년 미국과 1980년 영국에서 포르노와 성범죄의 상관성 연구를 진행하였으나 뚜렷한 결론 없이 흐지부지 끝났다고 합니다. 포르노 금지에 대한 근거를 얻지 못한 것입니다. 그와 반대로 1961년 덴마크는 '성개방법'을 통과시켜 포르노 규제를 풀었더니 오히려 성범죄가 줄고, 매춘업소에 타격을 주었으며, 사회 전반에서 건전한 성생활이 진작되었다고 합니다.

우리 사회에서도 성을 개방한다면
덴마크와 같은 효과를 거두게 될까요?

다가올 미래에는 포르노도 질적 변화가 있을 것입니다. 구글글래스, 3D 포르노게임, 인공지능로봇이 더욱 활기를 띨 것이기 때문입니다. 말 그대로 포르노가 일상화되면 이전과 달리 아무런 죄의식 없이 게임이나 일상에서 포르노를 즐길 것입니다. 2017년 바르셀로나에 이어 2018년 독일 도르트문트에서 이미 섹스 인형으로 운영하는 윤락업소가 문을 열었으며, 미국에서 개발 중인 섹스봇은 2025년이면 상용화될 예정이라고 합니다. 영화 <그녀(her)>(2013)에서와 같이 우리 인간이 인공지능 기계와 정말 사랑에 빠지게 될 날이 올까요?

미국에서 개발 중인 섹스봇 'Harmony'

"이런 못된 생각도 해봤어요.
이 감정이 정말 진짜일까? 아니면 그냥 프로그래밍일까?
그런 생각이 정말 상처가 됐어요. 그리고 나서 내 자신에게 화가
났어요. 고통까지 느꼈어요. 당신, 내겐 진짜처럼 느껴져요. 사만다."
– 영화 'her'의 대사 중에서 –

인공지능도 사랑을 할 수 있을까요?
섹스 인형인 리얼돌(섹스봇)을 사용하는 것은
개인만의 성적 취향일까요?
어디까지 허용해야 할까요?

JOAQUIN PHOENIX   AMY ADAMS   ROONEY MARA
OLIVIA WILDE AND SCARLETT JOHANSSON

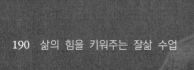

성매매_Prostitution

자본주의 사회에서는 성도 하나의 상품으로 전락하게 됩니다. 사람의 몸을 성적 도구화하여 하나의 상품으로 삼을 때 '성매매(Prostitution)'가 성립합니다. 자신의 몸을 파는 행위가 버젓이 행해지게 되는 것입니다. 성매매(性賣買)란 성을 사고파는 행위로, 현실에서 성구매자는 남성으로, 성판매자는 여성으로 성별화 되어 있다는 점에서 성별 권력 관계를 잘 반영하고 있습니다.

성의 상품화 유형: 성인잡지, 걸그룹, 음란물, 게임캐릭터

2004년 '성매매 방지법'이 제정된 후 '성매매'는 기존의 '윤락'을 대체하는 공식 용어로 격상되었답니다. 이전의 매춘(賣春), 매매춘(賣買春), 윤락(淪落) 등의 개념이 성판매 여성에게 도덕적, 윤리적 낙인을 찍는다는 이유에서입니다. 성매매가 공공연하게 가출한 청소년을 대상으로 일어나고 있다는 점에서 우리는 경각심을 가져야 할 것으로 보입니다. 가출청소년을 먹여주고 재워준다는 '헬퍼(helper)'가 이들의 열악한 상황을 역이용하여 성매매의 수렁으로 내몰고 있는 실상은 큰 충격을 던져줍니다(KBS 1TV 시사직격, 2020년 2월 14일자). 거리로 나온 위기의 청소년을 이대로 방치한다면 우리의 미래도 암담할 수밖에 없을 것입니다.

가출 청소년과 '헬퍼'의 문제를 파헤친 KBS 〈시사직격〉(그림 위)
곽정숙 〈성매매 NO!〉(2012)(그림 아래)

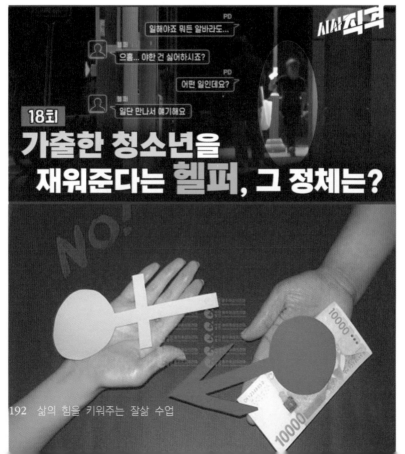

가출청소년이 성매매의 구렁텅이로 빠져들지 않도록
우리가 할 수 있는 일은 무엇일까요?

가정 파괴나 부모 갈등으로 인해 불가피하게
가출한 청소년을 안전하게 보호할 수 있는
제도적 장치를 만들 수는 없을까요?

가출청소년을 위한 쉼터가 있으나
회피대상인 현실에서 이를 극복할 수 있는
대안을 어떻게 마련할 수 있을까요?

성 평등

성 평등(性 平等)은 만인이 정치·경제·사회·문화적으로 평등한 대우를 받아야 하고 성별에 근거하여 차별 대우를 받으면 안 된다는 관점입니다. UN 세계인권선언의 목표에서도 분명하게 천명하고 있는 바와 같이, 법적 지위나 사회적 상황에서는 물론 고용과 임금에서도 성적 평등을 지향합니다. '양성평등'이 남녀 사이의 차별에 초점을 두고 있는 데 반하여, '성 평등'은 성소수자를 포함하여 넓은 의미에서 평등을 실현하고자 하므로 상위개념으로 볼 수 있습니다.

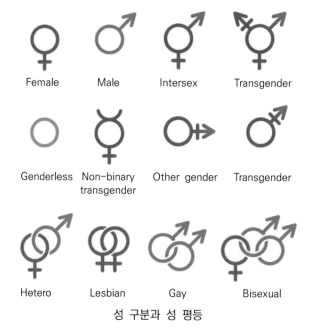

성 구분과 성 평등

여기서 주안점은 단순히 지위나 대우의 향상이 아니라 삶의 조건과 가능성 자체를 개선하려는 의지와 노력입니다. 단순한 급여의 향상보다 근본적으로 중요한 것은 가정과 일상적 삶에서 차별과 억압이 사라지는 일입니다.

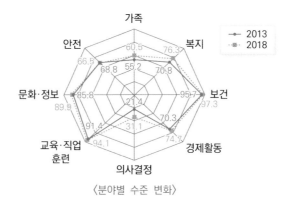

〈분야별 수준 변화〉

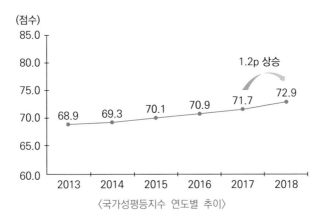

〈국가성평등지수 연도별 추이〉

2018 국가성평등지수 연도별 추이 및 분야별 수준 변화

여성가족부는 해마다 '국가성평등지수'를 발표하는데, 2018년 결과에 따르면 우리나라는 72.9점으로 2017년(71.7점) 대비 1.2점 상승하고, 지역성평등지수는 75.7점으로 2017년(74.4점) 대비 1.3점 상승하여 해마다 조금씩 나아지는 모습을 보여주고 있습니다. 이 지수는 성 평등한 사회참여, 여성의 인권·복지, 성 평등 의식·문화 등 3개 영역, 경제활동·복지·가족 등 총 8개 분야로 구성되며, '완전한 성평등 상태'를 100점으로 산정하여 점수를 매깁니다. 각 분야별로는 보건(97.3%), 교육·직업 훈련(94.1%)이 높게 나타난 반면, 의사결정(31.1%)은 매우 낮은 수준을 보였습니다.

전반적으로 볼 때 한국의 성 평등은 남녀고용법, 여성발전기본법, 남녀차별금지 및 구제에 관한 법 등이 제정되면서 외형적으로 꾸준히 향상되었음을 알 수 있습니다. 2001년 김대중 정부가 여성부(현재는 여성가족부)를 중앙부처로 승격한 것도 성 평등에 획기적인 전환을 가져왔다고 할 수 있습니다. 하지만 우리 사회에서 성차별은 현재도 진행형입니다. 남성의 70%가 직업을 가지고 있는 데 비하여, 여성은 40%에 불과합니다. 남녀간 임금격차도 심한데, 여성은 남성의 62% 수준에 머물고 있습니다. 영국 시사주간 이코노미스트에서 2019년 조사한 결과가 잘 보여주듯이 직장 내 여성이 동등한 기회를 받을 기회를 평가하는 지표인 '유리천장 지수' 부분에서 우리나라는 OECD국가 중 최하위를 기록해 아직 갈 길이 멀다는 점을 보여주었습니다.

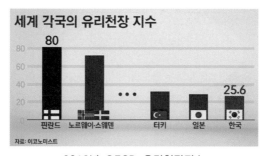

2019년 OECD 유리천장지수

여러분이 보기에
학교나 대학 내에 남녀 간의 성차별이 존재합니까?

동일한 직무를 수행함에도 여성의 급여가
더 적은 이유는 무엇일까요?

충분한 능력을 갖춘 여성이 조직 내의 일정 서열 이상으로 오르지
못하게 하는 '보이지 않는 장벽(invisible barrier)'을
무너뜨릴 수 있는 방안에는 어떤 것들이 있을까요?

성인지 감수성_gender sensitization

성인지 감수성 또는 성인지성(性認知性)은 성별 간의 불균형에 대한 이해와 지식을 갖춰 일상생활 속에서의 성차별적 요소를 감지해내는 민감성을 말하며, 이러한 문제점을 극복해 낼 대안을 찾아내는 능력까지도 포함하는 개념입니다. 간혹 젠더감수성으로 번역되어 사용되기도 합니다. 이 용어는 1995년 중국 베이징에서 열린 제4차 유엔 여성대회에서 사용된 후 국제적으로 통용되기 시작하였고, 국내에서는 2000년대 초반부터 정책 입안이나 공공예산 편성 기준 등으로 활용되고 있습니다.

법조계에서는 "일상 생활 속에서 젠더에 대한 차별이 있음을 인지하는 것", "성별의 불균형에 따른 유·불리함을 잡아내는 것"을 의미하기도 하고, 성폭력·성희롱 사건에서는 "가해자가 아닌 피해자의 입장에서 사건을 바라보고 이해"해야 하는 것을 의미하기도 합니다.

2018년 4월 대법원 판결에서 학생을 성희롱했다는 이유로 징계를 받은 대학교수가 낸 해임 결정 취소소송 상고심에서 '성인지 감수성' 부족이라는 이유로 최종 원고패소판정을 받으면서 크게 화제가 되었습니다.

대법원의 성희롱 교수 판결과 성인지 감수성

또 안희정 전 충남지사의 1·2심 판단이 바뀐 데에는 피해자에 대한 '성인지 감수성'에 대한 깊은 고려가 크게 작용하였습니다. 당시 재판부는 판결문에서 "성범죄 사건을 심리할 때는 성차별, 양성평등 등 '성인지 감수성'을 잊지 말아야 한다"는 점을 강조하였습니다. 성인지감수성이 자라면서 서서히 길러진다고 볼 때, 가장 기본적으로 해야 할 일은 어려서부터 그러한 감수성을 길러주기 위한 교육과 훈련을 해 나가야 한다는 것입니다.

어린이를 위한 '성인지감수성' 교육

성소수자(LGBTQ) 권리

성소수자(LGBTQ)는 레즈비언, 게이, 바이섹슈얼, 트랜스젠더, 퀴어의 영어 앞글자를 따서 만든 용어입니다.

성소수자(LGBTQ) 상징 로고

사회적 약자인 이들은 자신의 권리를 보호하고 주장하기 위해 다양한 노력을 하고 있습니다. 성소수자 권리운동(性少數者權利運動) 은 성소수자의 사회적 수용을 목표로 공유하고 개선을 요구하는 행동을 의미합니다. 이들은 오늘날 정치와 문화 운동은 물론 로비 활동과 시위(대표적으로, 퀴어 퍼레이드 혹은 프라이드 퍼레이드)를 통해 자신의 존재를 드러냅니다. 사회단체를 만들어 자신들의 결속을 다지고, 조직적으로 이벤트를 기획하고, 잡지, 영화와 문학, 학술 연구와 저술과 비즈니스 활동을 전개하기도 합니다.

하지만 우리 사회에서 성소수자들은 법적 한계와 차별을 마주하며 살아가고 있습니다. 동성애는 불법이 아니나 아직 동성 결혼은 법제화되어 있지 않습니다. 법적으로 성적 지향에 대한 차별금지가 보장되고, 성전환 수술과 성별 정정 신청이 가능해지는 등 나아지고

는 있지만 사회 전반적으로 이들에 대한 시선은 곱지 않다고 볼 수 있습니다. 동성애나 동성애자에 대하여 막연한 두려움과 억압, 그리고 혐오감을 가지고 있는 호모포비아(homophobia)도 적지 않습니다. 동성애에 대하여 혐오와 공포를 지닌 사람들은 정확한 정보나 지식 없이 막연히 동성애는 나쁜 것이고 일종의 질병, 전염병, 정신병이라고 생각하며, 그런 생각으로 동성애자를 대하며 은연중에 차별을 드러냅니다.

2014년 12월 한국갤럽조사연구소의 여론조사에서 응답자의 35%가 동성결혼에 찬성을, 56%가 반대한다고 밝혔습니다. 또한 동일한 여론조사에서 성적 지향과 관계없이 동일한 취업기회를 가져야 한다는 의견에는 85%가, 동성애자라는 이유로 해고되는 것은 부당하다는 의견에는 79%가, 동성애자의 방송 및 연예활동에 문제가 없다는 의견에 67%가 찬성한다고 답변하였습니다. 2019년 OECD가 발표한 한국의 동성애 포용 수준이 세계 최하위라는 사실은 우리 사회가 아직도 이 분야에서는 산적한 과제가 많다는 점을 다시금 보여 주고 있습니다.

여러분은 동성애에 대해,
또 동성결혼에 대해 어떤 의견을 갖고 있나요?
인간이 지닐 수 있는 다양한
성적 지향(여성애/남성애/동성애/이성애/양성애/무성애
/범성애/다성애/독점연애/다자연애/퀘스처닝 등)에 대해서는
또 어떤 생각을 갖고 있나요?
성소수자의 권리를 위해 우리가 할 수 있는 일에는
어떤 것이 있을까요?

호모포비아 퍼레이드

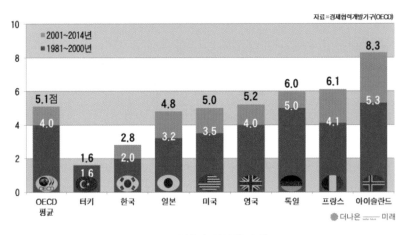

OECD 주요국가 동성애 수용도

기술로서의 사랑

에리히 프롬(Erich Fromm, 1900~1980)은 독일 태생의 비판이론 가이며, 정신분석가입니다. 나치의 박해를 피해 1933년 미국으로 망명, 귀화한 후 컬럼비아대학교, 멕시코 국립대학교, 예일대학교 등에서 연구와 교육을 수행하였습니다. 그는 한평생 근대인에게 자유의 의미가 무엇인지 물었으며, 소외를 넘어선 인본주의적 공동체를 위해 현대인들의 소외의 양상을 고찰하고 근대적 세계 속에서 인간이 참다운 자기를 실현해가는 길을 찾고자 하였습니다.

에리히 프롬

『사랑의 기술』(1956)은 현대인의 인간 소외를 치유하기 위한 하나의 처방으로 제시된 것으로 볼 수 있습니다.

프롬은 사랑을 "우연한 기회에 경험하게 되는, 다시 말하면 행운만 있으면 누구나 '겪게 되는' 즐거운 감정"이기보다는 하나의 '기술'이라는 견해를 전제로 합니다. 그러므로 사랑을 잘 하려면 사랑의 본질을 파악해야 하고 이에 걸맞은 훈련을 해야 합니다. 사랑은 '창조적 기술(creative art)'이기 때문입니다. 기술을 습득하려면 잘 배워서 연마를 해야 합니다. 하지만 사람들은 사랑을 배우려 들지 않습니다. 모두 다 잘 안다고 생각하거나 그런 것까지 배워야 하는가 하고 의문을 제기합니다. 프롬은 사람들이 사랑을 받으려고만 한다고 말합니다. 남성은 돈과 권력을 획득함으로써 여성은 온갖 치장과 성형을 통해서 말입니다. 이들은 모두 사랑이 주는 것이라는 사실을 잊어버린 듯 살아갑니다. 마음에 드는 상대를 만나 첫눈에 빠지는 짜릿한 초기의 경험만을 생각한 나머지 사랑에서 지속적 관계가 중요하다는 사실도 망각하게 됩니다. 사랑을 시작하는 것도 중요하지만 지속적으로 유지하는 일은 더 고귀하고 가치로운 일인데도 말입니다.

『사랑의 기술』 1987년 판

사랑은 분리 상태의 불안에서 나온 것입니다. 어머니의 포근한 품에서 벗어난 순간부터 우리는 불안을 느끼게 됩니다. 불안감과 결핍은 필연적으로 사랑할 대상을 찾게 하는 원동력이 됩니다. 인간의 실존은 누군가 사랑할 대상을 찾아 자신의 부족함을 채우고, 그 대상과 하나가 되고자 하는 노력의 연속이라고 할 수 있습니다. 사랑하는 사람과 보다 성숙한 사랑을 하기 위해서는 기본적으로 상호 간에 독립성이 유지되어야 합니다. 독립적인 인격체로서 서로 인정을 할 때 사랑은 지속이 가능합니다. 사랑이 본질적으로 받는 것이 아니라 '주는 것'이라는 점을 명확하게 인지해야 합니다.

프롬은 진정한 사랑을 위해서 네 가지가 필요하다고 말합니다.

보호_care

책임_responsibility

존경_respect

지식_knowledge

'보호(care)'는 어머니가 아이를 돌보는 데서와 같이 무한한 사랑으로 사랑하는 사람의 생명과 성장에 관심을 갖는 것입니다. '책임(responsibility)'은 내가 자신의 삶을 책임지듯 상대를 책임지는 것을 말합니다. 이는 상대의 요청에 언제나 응답하려는 자세와 태도를 포함합니다. '존경(respect)'은 상대방을 소유하거나 지배하지 않고, 있는 그대로 받아들이고 그의 인격을 진심으로 섬기는 자세입니다. '지식(knowledge)'은 사랑에 대한 지식이며, 이는 사랑을 올바로 알고 실천하는 데 필수적인 요소가 됩니다.

여러분은 사랑을 배워야 한다고 말하는
프롬의 견해에 대해서 어떤 생각을 갖고 있나요?
참 사랑의 네 가지 요소에 비추어 볼 때
자신이 보완해야 할 점은 무엇이라고 생각하나요?
사랑하는 사람에게 여러분은 사랑을 주려는 편인가요,
아니면 받고자 하는 편인가요?

주는 것(giving)으로서의 사랑

실천하기

첫째, 사랑은 세 가지 가치를 지니고 있습니다. 생식적 가치, 쾌락적 가치, 인격적 가치가 그것입니다. 생식은 종족 보존을 위해서 필수적입니다. 하지만 그 차원에만 머물게 된다면 인간은 동물이나 다름없는 존재가 되고 맙니다. 쾌락은 추구하되 진정한 쾌락에는 항상 절제가 뒤따라야 합니다. 인간의 위대성은 절제를 통해서 자기 자신을 고양할 수 있다는 데 있습니다. 사랑하는 사람과의 육체적 결합을 바탕으로 상대방과 진정한 인격적 만남이 이루어질 때 보다 성숙한 사랑을 할 수 있습니다. '플라토닉 러브(platonic love)'는 단지 상상이나 이상 속의 사랑을 지칭하는 것이 아니라 사랑의 '인격적', '정신적' 차원을 강조하는 용어입니다.

둘째, 남성과 여성은 대화방식에서부터 차이가 납니다. 이 차이점을 잘 상기한다면 일상적 만남에서 도움을 얻을 수 있을 것입니다. 남자들은 대화할 때 사실(fact)에 기초를 두는 경향이 있으나 여자들은 감정(feeling)을 더 중시합니다. 남자들은 자신의 욕구를 직접 표현하는 반면 여자들은 에둘러 간접적으로 드러냅니다. 남자들은 대화에서의 신뢰를 중요시하나 여자들은 관심에 초점을 둡니다. 선물의 경우에도 남자들은 단번에 큰 선물을 한 번 준 다음 자신의 의무를 다한 것처럼 여기지만 여자들은 오히려 작은 선물이라도 여러 번, 지속해서 해 주길 바랍니다. 이러한 차이를 이해하고 인정할 때 우리는 조화로운 사랑을 할 수 있습니다.

셋째, 사랑의 유형은 대개 여섯 가지 정도로 구분됩니다. 첫눈에 반하는 열정적인 사랑(eros), 성적 쾌락을 중시하는 유희적인 사랑(ludos), 우정과 같은 사랑을 추구하는 동료애(storge), 자신이 원하는 만족을 위해서 매진하는 논리적인 사랑(pragma), 사람이나 대상에 집착하는 소유적인 사랑(mania), 아무런 조건 없이 사랑을 베푸는 이타적인 사랑(agape)이 그것입니다. 여러분은 어떤 유형의 사랑을 추구하고 있나요? 참 사랑을 위해서는 첫눈에 사랑에 빠지는 것보다 얼마나 오랫동안 사랑을 유지해 나가느냐가 관건입니다. 사랑은 인내와 고통을 수반합니다. 애착과 친밀감의 사랑이 '독점'과 '집착'으로 흐르지 않도록 우정이 갖는 관심과 돌봄의 미덕이 가미되어야 합니다. 사랑하는 사람을 친구와 같은 존재로 여길 때 그 사랑도 오래 갈 것입니다. 소비자본주의가 이윤을 추구하는 것과 같이 사랑도 다분히 계산적으로 흐르는 것 같아 안타깝습니다. 상대방의 존재를 있는 그대로 사랑하는 것이 아니라 그의 외모, 평판, 재산 등 외면적 요소를 우선적으로 고려하려 드는 것입니다. 이런 사랑으로 맺어진 연애와 사랑의 결말이 대부분 갈등, 파혼, 이혼으로 이어지고 있습니다. 우리는 건전하고 건강한 사랑이 '건전한 사회'를 지탱해 나가는 초석임을 깨달아야 합니다. 개인 사이에 일어나는 사랑이지만 그것의 사회적 파급효과는 적지 않기 때문입니다.

그렇다면,
진정한 사랑을 위해 필요한 것은 무엇일까요?
진정한 사랑은 모든 것을 주는 것일까요?

☑ 참고문헌

☑ 1장

- 도라에몽 포스터 (https://m.blog.naver.com/PostView.nhn?blogId=zjvl851&logNo=220648501294&proxyReferer=https:%2F%2Fwww.google.com%2F)
- 배틀그라운드 (http://www.mediapen.com/news/view/501510:pubg.com/ko/)
- 아인슈타인 사진 (https://m.post.naver.com/viewer/postView.nhn?volumeNo=17615797&memberNo=12466858)

....

- 데이비드 J. 스미스(2011). 지구가 100명의 마을이라면. 파주: 푸른숲주니어.
- 프란텔 저, 마르타 피나 그림(2017). 민주주의를 어떻게 이룰까요?. 서울: 풀빛.
- 프란텔 저, 호안 네그레스콜로브 그림(2017). 사회계급이 뭐에요?. 서울: 풀빛.

☑ 2장

- 007 두 번 산다 (https://blog.naver.com/estgem/220492300496)
- 30만 명의 경례 (http://books.chosun.com/m/article.html?contid=2017020400256)
- MBC 무한도전. 욜로라이프 특집.
- 가수 Drake (https://www.pinterest.co.kr/pin/107030928614158041)
- 라파엘로의 <아테네 학당>(1509-1510) (https://ko.wikipedia.org/wiki/%EC%A4%91%EC%84%B8%EC%B2%A0%ED%95%99)
- 에리히 프롬 (https://ko.wikipedia.org/wiki/%EC%97%90%EB%A6%AC%ED%9E%88_%ED%94%84%EB%A1%AC)
- 영화 <man of steel> (https://www.fortressofsolitude.co.za/give-us-man-of-steel-ii-starring-henry-cavill-as-superman)
- 욜로 옥스퍼드 (http://hiphople.com/news_world/2575225)
- 욜로 터프츠대학 (http://hiphople.com/index.php?_filter=search&mid=news_world&search_keyword=yolo&search_target=title&document_srl=865815)
- 철학자의 정원. <Antal Strohmeyer>(1834) (https://m.post.naver.com/viewer/postView.nhn?volumeNo=12993518&memberNo=3193205)
- 헬조선 (https://brunch.co.kr/@lklab2013/106)

- 헬조선 (https://news.joins.com/article/20249142)
- 효리네 민박 (https://www.hankyung.com/entertainment/article/201801086619H)
  ....
- www.naver.com 국어사전.
- 곽재현, 홍지숙(2018). 빅데이터를 활용한 욜로(YOLO)현상 분석. 관광연구저 널, 32(2), 21-34.
- 로전스 프리드먼(2016). 에리히 프롬 평전. 서울: 글항아리.
- 양희수, 현은정(2018). 문화예술 분야에서 욜로(YOLO)의 활용 및 확산. 문화 와융합, 40(1), 29-66.
- 에리히 프롬(2016). 자유로부터의 도피. 서울: 홍신문화사.
- 에피쿠로스(2019). 쾌락. 서울: 문학과지성사.
- 존 암스트롱(2013). 인생학교 돈: 돈에 관해 덜 걱정하는 법. 서울: 쌤앤파커스.
- 찰스 윌렌(2020). 돈의 정석. 서울: 부키(주).
- 최경일(2017). 청소년의 YOLO 라이프. 청소년문화포럼, 163-165.

☑ 3장

- The Kiss of Life (https://news.joins.com/article/4282195)
- 메리 올리버 (https://www.news-paper.co.kr/news/articleView.html?idxno=33481)
- 수용소 모습 (https://tcatmon.com/wiki/%EB%B0%98%EC%9C%A0%EB%8C%80%EC%A3%BC%EC%9D%98)
- 스파이더맨 (https://www.clien.net/service/board/park/8883408)
- 아돌프 아이히만 (http://m.cine21.com/news/view/?mag_id=86593#_enliple)
- 영화 <패션왕> (http://www.topstarnews.net/news/articleView.html?idxno=452288)
- 일베 폭식 (https://www.insight.co.kr/newsRead.php?ArtNo=101271, SBS '궁금한 이야기Y')
- 침몰 중인 세월호에서 탈출하는 선장 (https://www.youtube.com/watch?v=4LWJyqX42fM)
- 침몰하는 세월호 (http://www.newstof.com/news/articleView.html?idxno=303)
- 한나 아렌트 (http://blog.daum.net/hyuk729/12891801)

- 홀로코스트 수용소 (https://tcatmon.com/wiki/%EB%B0%98%EC%9C%A0%EB%8C%80%EC%A3%BC%EC%9D%98)

....

- 감정이입 (https://axslayer.tistory.com/19, 이상섭 문학비평용어사전(민음사, 1976) 중에서)
- 메리 올리버(2015). 휘바람 부는 사람. 서울: 마음산책.
- 박병기 외(2013). 도덕수업, 어떻게 할 것인가?. 파주: 교육과학사.
- 아이작 유(2017). 질문지능. 서울: 다연.
- 플라톤(2003). 에우티프론, 소크라테스의 변론, 크리톤, 파이돈. 파주: 서광사.
- 한나 아렌트(2017). 예루살렘의 아이히만. 서울: 한길사.

☑ 4장

- 데일 카네기 (https://blog.naver.com/mal4471/221888921259)
- 루돌프 드라이커스 (https://blog.naver.com/ball9091/220891922861)
- 빅터 프랭클 (https://blog.naver.com/kodoc1/50191721596)
- 스티븐 코비 (http://cafe.daum.net/hko1440/5dBP/1852?q=%EC%8A%A4%ED%8B%B0%EB%B8%90+%EC%BD%94%EB%B9%84&re=1)
- 아들러 (https://blog.naver.com/cureate/221821498775)
- 에리히 프롬 (https://blog.naver.com/heroinesy/140204970641)
- 에릭 번 (https://search.daum.net/search?nil_suggest=btn&w=img&DA=SBC&q=%EC%97%90%EB%A6%AD+%EB%B2%88)
- 에이브러햄 매슬로 (https://blog.naver.com/eduberry/110102086413)
- 제롬 프랭크 (https://en.wikipedia.org/wiki/Jerome_Frank)
- 카렌 호나이 (https://blog.naver.com/graymarket/220396583423)
- 칼 로저스 (https://blog.naver.com/btm1999/220763677655)

....

- 강갑원(2012). 상담심리학 이론과 실제. 파주: 양서원.
- 권석만(2017). 인간이해를 위한 성격심리학. 서울: 학지사.
- 김영애(2009). 자기성장을 위한 성격심리학. 김영애가족치료연구소.
- 김춘경, 이수연, 이윤주, 정종진, 최웅용(2010). 상담의 이론과 실제. 서울: 학지사.
- 김현택, 김교헌, 김미리혜, 권준모, 박동건, 성한기, 이건효, 이봉건, 이순묵, 이

영호, 이주일, 이재호, 유태용, 진영선, 채규만, 한광희, 황상민, 현성용(2003). 현대심리학이해. 서울: 학지사.
- 노안영(2005). 상담심리학의 이론과 실제 2판. 서울: 학지사.
- 열등감을 이기는 5가지 실천법. [네이버 지식백과] (정신이 건강해야 삶이 행복합니다, HIDOC)
- 이현림(2009). 상담이론과 실제. 서울: 양서원.

☑ 5장

- 생물학적 성 구분 (https://slidesplayer.org/slide/15076960)
- 사랑(love), 성(sex), 젠더(gender), 섹슈얼리티(sexuality) (Google Books Ngram Viewer)
- 티치아노 <종교적인 사랑과 세속적인 사랑>(1514년경) (https://news.chosun.com/site/data/html_dir/2007/05/30/2007053001257.html)
- 68혁명과 성 해방 운동 (https://m.post.naver.com/viewer/postView.nhn?volumeNo=16080408&memberNo=39094895)
- 지그문트 프로이트 (https://ko.wikipedia.org/wiki/media/파일:Sigmund_Freud_LIFE.jpg)
- '빙산의 일각'으로서 의식 (http://m.blog.daum.net/jhyun7979/7)
- 프로이트의 대표작 『꿈의 해석』 독일어판 원서 표지 (https://ko.wikipedia.org/wiki/%EA%BF%88%EC%9D%98_%ED%95%B4%EC%84%9D#/media/파일:Die_Traumdeutung.jpg)
- 융 (http://m.dangdangnews.com/news/articleView.html?idxno=30472)
- 푸코 『성의 역사』2부 '쾌락의 활용' (https://www.penguin.co.uk/books/136/13663/the−history−of−sexuality−2/9780241385999.html)
- 피카소 <포옹>(1900) (https://m.blog.naver.com/gn761003/221087112989)
- 쿠르베 <잠>(1866) (https://monthly.chosun.com/client/news/viw.asp?ctcd=&nNewsNumb=200606100074)
- 욕망을 삶의 긍정적 에너지로 본 철학자 니체 (https://ko.wikipedia.org/wiki/%ED%94%84%EB%A6%AC%EB%93%9C%EB%A6%AC%ED%9E%88_%EB%8B%88%EC%B2%B4#/medi−a/파일:Portrait_of_Friedrich_Nietzsche.jpg)
- 젠더 문제를 사회적으로 공론화한 페미니즘 (http://h2.khan.co.kr/201511221932131)

- 인간의 성 문제를 천착하였으나 에이즈로 사망한 철학자 푸코 (https://www.k yosu.net/news/articleView.html?idxno=40107)
- 전설의 락그룹 퀸의 리드보컬 프레디 머큐리와 메리 오스틴 (http://www.wiki leaks-kr.org/news/articleView.html?idxno=50681)
- 성소수자 자긍심의 상징, 무지개 깃발 (http://m.hankookilbo.com/News/Read /201506241524184701)
- 낙태 고려/선택 이유에 관한 연구 결과 (http://factcheck.snu.ac.kr/v2/facts/12 29/score/2915?org_score=2915)
- 신화를 재현한 구스타프 클림트의 <다나에> (https://ko.wikipedia.org/wiki /%EB%8B%A4%EB%82%98%EC%97%90#/media/파일:Gustav_Klimt_010.jpg)
- 베르나르도 베르톨루치 <파리에서의 마지막 탱고(Last Tango in Paris)>(197 3) (https://m.blog.naver.com/gozorba/20120994726)
- 영화 <뽕> 포스터 (https://movie.daum.net/moviedb/main?movieId=1191)
- 섹시 햄버거 광고 장면 (http://www.newsquest.co.kr/news/articleView.html?id xno=4655)
- 성희롱의 종류 (http://www.100ssd.co.kr/news/articleView.html?idxno=52560)
- 성폭력 대표적 사례로서 강간 (http://m.segye.com/view/20180410005273)
- 한국여성민우회, 스쿨미투 집회 참여 포스터 (https://www.womenlink.or.kr/n otices/21498)
- 성범죄 양형기준 재정비를 요구하는 청와대 청원 (https://www.polinews.co.k r/news/article.html?no=452703)
- '강간 100% 예방하는 방법'이라는 제목의 웹툰 내용 (http://ohfun.net/?ac=arti cle_view&entry_id=10657)
- 미투를 폭로한 여배우들과 영화제작자 하비 와인스타인 (https://extmovie.co m/movietalk/27842181)
- 미투운동과 위드유 운동 (http://www.labortoday.co.kr/news/articleView.html?i dxno=155909)

☑ 6장

- 가출 청소년과 '헬퍼'의 문제를 파헤친 KBS ＜시사직격＞ (https://www.youtu be.com/watch?v＝urxEc2C9kc4)
- 곽정숙 ＜성매매 NO!＞(2012) (http://www.gjhotline.org/board_gallery01/boa rd_content.asp?board_idx＝6&tname＝board_gallery01)
- 그리스의 철학자 아리스토텔레스 (https://www.borgenstudio.com/es/aristotil)
- 대법원의 성희롱 교수 판결과 성인지감수성 (https://news.sbs.co.kr/news/end Page.do?news_id＝N1004712231)
- 미국에서 개발 중인 섹스봇 'Harmony' (https://slownews.kr/52827)
- 미켈란젤로의 ＜피에타(Pieta)＞(1498) (https://m.blog.naver.com/misstwinkle /220643294199)
- 『사랑의 기술』1956년 초판본 표지 (https://en.wikipedia.org/wiki/The_Art_of_ Loving)
- 『사랑의 기술』1987년 판 (https://www.bookwormhanoi.com/art－of－loving －the)
- "성과 사랑과 윤리: 정의론으로서의 성 윤리(강연자: 김은희)" 네이버 열린연 단 ＜삶의 지혜＞ 제9강. 2019년 5월 4일.
- "성과 욕망－정신분석학적 관점(강연자: 김상환)" 네이버 열린연단 ＜삶의지 혜＞ 제10강. 2019년 5월 11일.
- 성구분과 성평등 (http://www.ntoday.co.kr/news/articleView.html?idxno＝67708)
- 성대신문 만평 중 ＜사랑하니까? 범죄라니까!＞ (http://www.skkuw.com/new s/articleView.html?idxno＝13206)
- 성상품화의 유형 (https://www.youtube.com/watch?v＝GSMTThZ69lM)
- 성소수자(LGBTQ) 상징 로고 (https://www.medicaleconomics.com/sexual－h ealth/new－ama－policies－target－improving－healthcare－lgbtq－patients)
- 성인지 감수성 (http://www.millenniumpost.in/delhi/dusu－to－setup－cell－f or－gender－sensitisation－280071)
- 어린이를 위한 '성인지감수성'교육 (http://www.indianyouth.net/gender－sensi tization－school－curriculum)
- 에로스(eros), 필리아(philia), 아가페(agape) (Google Books NgramViewer)
- 에리히 프롬 (http://literarynote.net/being)
- 인공지능 음성 비서와 사랑 이야기를 담은 영화 ＜그녀＞(2013) (https://slow news.kr/52827)

- 주는 것(giving)으로서의 사랑 (https://busy.org/@gidung/6pgdqa)
- '큐피드의 화살'로 상징되는 사랑의 신 에로스 (https://ko.wikipedia.org/wiki /%ED%81%90%ED%94%BC%EB%93%9C#/media/파일:Eros_bow_Musei_Capit olini_MC410.jpg)
- 티치아노의 ＜우르비노의 비너스＞(1537~1538)(左)와 마네의 ＜올랭피아＞(1 863)(右) (https://www.mk.co.kr/news/culture/view/2017/09/652544)
- 피터 파울 루벤스의 ＜십자가에서 내림＞ (1611－1614) (http://blog.naver.co m/PostView.nhn?blogId＝sjwgal&logNo＝140104608131&parentCategoryNo＝ &categoryNo＝8&viewDate＝&isShowPopularPosts＝false&from＝postView)
- "헬퍼 – 거리 청소년 잔혹사" KBS 1TV '시사직격'18회. 2020년 2월 14일.
- 현재진행형으로서의『사랑의 기술』(http://moonye.egloos.com/m/10002994)
- 호모포비아 퍼레이드 (https://www.vox.com/2016/6/15/11932454/orlando－sh ooting－LGBTQ－homophobia－religion)
- 혼돈의 사랑과 성 문화 속에 자라는 어린이들 (http://www.hani.co.kr/arti/spe cialsection/esc_section/820319.html)
- 2018 국가성평등지수 연도별 추이 및 분야별 수준 변화 (http://www.press9.kr /news/articleView.html?idxno＝40803)
- 2018년 데이트폭력 사건 유형 (http://www.klan.kr/news/34519)
- 2019년 OECD 유리천장지수 (https://twitter.com/jtbc_news/status/5741854262 45681152?lang＝eu)
- OECD 주요국가 동성애 수용도 (http://futurechosun.com/archives/40684)
....
- 강대석(2006). 성과 사랑에 관한 철학적 담론. 파주: 영한.
- 김재기(2008). 철학, 섹슈얼리티에 말을 건네다. 인간의 성에 대한 체계적이고 전면적인 철학적 성찰. 서울: 향연.
- 메건 트레지더 저, 손영란 역(2000). 사랑의 비밀. 파주: 문학동네.
- 미셸 푸코 저, 문경자, 신은영 역(2018). 성의 역사 2. 쾌락의 활용. 파주: 나남 출판.
- 미셸 푸코 저, 오생근 역(2019). 성의 역사 4. 육체의 고백. 파주: 나남출판.
- 미셸 푸코 저, 이규현 역(2004). 성의 역사 1. 지식의 의지. 파주: 나남출판.
- 미셸 푸코 저, 이혜숙 역(2004). 성의 역사 3. 자기 배려. 파주: 나남출판.
- 아르놀트 겔렌 저, 이을상 역(1998). 인간학적 탐구. 대구: 이문출판사.
- 아리스토텔레스 저, 천병희 역(2013). 니코마코스 윤리학. 성남: 숲출판사.
- 안상수, 김인순, 김금미(2016). 개정 한국형남녀평등의식검사 개발(I): 검사타 당화 기초연구. 서울: 한국여성정책연구원.

- 앤소니 롱 저, 이경직 역(2000). 헬레니즘 철학. 파주: 서광사.
- 에리히 프롬 저, 황문수 역(2019). 사랑의 기술. 서울: 문예출판사.
- 여성가족부(2018). 2018년 한국의 성평등보고서. 연구보고 2018−33. 서울: 한학문화.
- 이수연, 김인순, 고재훈(2019). 개정 한국형남녀평등의식검사 개발(II): 표준화 규준 마련 및 검사활용 매뉴얼 제작. 서울: 한국여성정책연구원.
- 장영란 외(1999) 성과 사랑, 그리고 욕망에 관한 철학적 성찰. 파주: 서광사.
- 조르주 바타유 저, 조한경 역(1998). 에로티즘의 역사. 파주: 민음사.
- 조르주 바타유 저, 조한경 역(2009). 에로티즘. 파주: 민음사.
- 지그문트 프로이트 저, 김인순 역(2004). 꿈의 해석. 파주: 열린책들.
- 프리드리히 저, 정동호 역(2000). 차라투스트라는 이렇게 말했다. 니체전집 13. 서울: 책세상.
- 하지현(2016). 정신의학의 탄생: 광기를 합리로 바꾼 정신의학사의 결정적 순간. 파주: 해냄.
- 한국성폭력상담소 역(2017). 단 하나의 기준 적극적 합의. 캐나다 온타리오법원(2016.07.21.선고, 2016ONCJ448 판결). 서울: 한국성폭력상담소.
- 한국성폭력상담소 역(2018). 질문을 바꾸는 섹슈얼리티 워크북. 서울: 한국성폭력상담소.

찾아보기

저자소개

임 배(Im, Bae) _전남대학교 특수교육학부 강사

imbae042@gmail.com

전남대학교 교육학 박사, 후마니타스작은도서관 관장
(현)잘삶교육연구소 책임연구원, 광주교육대학교, 순천대학교 강사

주요 저서 및 논문

교육학개론(공저, 2018)
교육철학및교육사(공저, 2018)
4차 산업혁명 시대의 진로선택(공저, 2018)
과로사회를 위한 존 화이트의 교육철학(공저, 2016)
잘삶을 위한 일의 교육(공저, 2014)
자율적 잘삶이 실현되는 활동사회 속에서의 일과 교육(2014)
대학인성교육으로서 삶의 치유(Lebenstherapie) 프로그램 개발과 적용가능성(공저, 2015)

손 승 남(Son, Seung Nam) _순천대학교 교직과 교수

snson@scnu.ac.kr

독일 Westfälisch-Wilhelms Universität zu Münster Ph.D.(교육철학)
한독교육학회장 역임. (현)잘삶교육연구소 소장

주요 저서 및 논문

교육철학 및 교육사(공저, 2019)
교육학개론(공저, 2018)
4차 산업혁명 시대의 진로선택(공저, 2018)
교원의 잘삶을 위한 전인통합치유(2017)
인성교육(공저, 2017)
엔그램 뷰어를 활용한 교양교육 개념 분석(2020)
유럽 리버럴아츠 대학의 최근 동향(2019)
혜강 최한기의 『인정(人政)』에 관한 교육해석학적 고찰(2018)
리버럴아츠 교육모델 혁신 사례-Yale-NUS College를 중심으로-(2017)
볼로냐 프로세스와 유럽 고등교육권역(EHEA)의 발전 전망(2017)
그 외 다수 논문

이 수 진(Lee, Su Jin) _전북대학교 교육학과 강사
sjinlee@scnu.ac.kr

전북대학교 교육학 박사, 전라남도청소년상담지원센터 팀장 역임
(현)잘삶교육연구소 책임연구원, 전주교육대학교, 순천대학교 강사

주요 저서 및 논문
4차 산업혁명 시대의 진로선택(공저, 2018)
인성교육(공저, 2017)
교육심리학(공저, 2016)
청소년 심리 및 상담(공저, 2013)
대학생의 전공전환 경험의 내용과 과정 및 유형에 대한 질적분석(공동, 2012)
대학생의 진로정체감과 진로결정자기효능감 및 전공전환 준비도와의 관계(공동, 2011)
대학생의 전공전환 검사 타당화 탐색(공동, 2011)

삶의 힘을 키워주는 잘삶 수업

초판발행	2020년 6월 8일
지은이	임 배·손승남·이수진
펴낸이	노 현
편 집	배근하
기획/마케팅	이영조
표지디자인	이미연
제 작	우인도·고철민
펴낸곳	㈜ 피와이메이트
	서울특별시 금천구 가산디지털2로 53 한라시그마밸리 210호(가산동)
	등록 2014. 2. 12. 제2018-000080호
전 화	02)733-6771
f a x	02)736-4818
e-mail	pys@pybook.co.kr
homepage	www.pybook.co.kr
ISBN	979-11-6519-014-9 93370

정 가   15,000원

박영스토리는 박영사와 함께하는 브랜드입니다.